Viviendo Sobrio

*"…el tratamiento supone primordialmente
no tomar ni un solo trago…"*

Asociación Médica Norteamericana

Alcoholics Anonymous World Services, Inc., New York

Esta literatura está aprobada por la
Conferencia de Servicios Generales de A.A.

Viviendo sobrio
Anteriormente titulado: Vivir en sobriedad
Traducción Copyright © 1981, 2001
por Alcoholics Anonymous World Services, Inc.

Dirección postal:
Box 459, Grand Central Station,
New York, NY 10163

ISBN 978-1-893007-15-4

Revisado: 2001, 2012
Primera impresión, 1981
Decimoquinta impresión, 2018

www.aa.org

12M – 2/18 (PAH)

SB-7

A propósito de ese título...

Incluso las palabras "mantenerse sobrio" —sin mencionar *vivir* sobrio— nos ofendieron la primera vez que se nos dio ese consejo. Aunque es cierto que habíamos bebido mucho, gran parte de nosotros nunca nos sentimos borrachos, y estábamos seguros de que casi nunca dábamos la impresión de estar borrachos ni hablábamos como borrachos. Muchos de nosotros nunca nos tambaleábamos, ni nos caímos, ni se nos ponía la lengua pesada; otros muchos nunca se comportaron de manera escandalosa, no faltaron ni un día al trabajo, nunca tuvieron accidentes de automóvil, y con toda seguridad nunca fueron hospitalizados ni encarcelados por embriaguez.

Conocíamos a un buen número de personas que bebían mucho más que nosotros, y a otras que no podían aguantar mucho bebiendo. Nosotros no éramos así. Y por lo tanto, la sugerencia de que tal vez deberíamos "mantenernos sobrios" era casi un insulto.

Además, nos parecía innecesariamente drástico. ¿Cómo íbamos a vivir así? Seguro que no había nada de malo en tomarse un trago o dos durante un almuerzo de negocios o antes de la cena. Todos teníamos el derecho de relajarnos con unos cuantos tragos o tomarnos un par de cervezas antes de acostarnos, ¿verdad?

No obstante, después de enterarnos de algunos hechos referentes a la enfermedad llamada alcoholismo, cambiamos de opinión. Se nos abrieron los ojos ante la realidad de que hay millones de personas que sufren de la enfermedad del alcoholismo. La ciencia médica no explica su "causa", pero los médicos expertos en el alcoholismo nos aseguran que para el alcohólico o bebedor problema, el beber en cualquier grado conduce a dificultades. Nuestra experiencia confirma contundentemente este hecho.

Así que el no beber en absoluto —es decir, mantenerse sobrio— es la base de la recuperación del alcoholismo. Y recalquemos lo siguiente: resulta que vivir sobrio no es nada triste, ni aburrido ni incómodo, como nos habíamos temido; por el contrario, empezamos a disfrutar la vida sin beber y a encontrarla mucho más emocionante que nuestra época de bebedores. Les mostraremos cómo....

Algunas sugerencias para
VIVIR SOBRIO

Algunas preguntas que a menudo hacen los que acaban de dejar de beber y las páginas donde se ofrecen algunas respuestas

¿Por qué "no beber"?

Nosotros los miembros de Alcohólicos Anónimos vemos la respuesta a esta pregunta al fijarnos honradamente en nuestras vidas pasadas. Nuestra experiencia demuestra claramente que para el alcohólico o el bebedor problema el beber en cualquier grado conduce a graves dificultades. La Asociación Médica Norteamericana lo expresa de la manera siguiente:

Además de sus propiedades adictivas, el alcohol tiene efectos sicológicos que afectan la forma de pensar y de razonar. Un solo trago puede cambiar la percepción del alcohólico hasta tal punto que cree poder tolerar otro trago, y después otro, y otro más....

El alcohólico puede aprender a controlar la enfermedad completamente; pero la afección no se puede curar de forma que él pueda volver a beber alcohol sin adversas consecuencias.*

Y repetimos: Para nuestro asombro, resulta que mantenerse sobrio no es una experiencia lúgubre y desagradable como nos habíamos imaginado. Mientras bebíamos, nos parecía que una vida sin alcohol no sería una vida. Pero para la mayoría de los miembros de A.A., vivir sobrio es *realmente* vivir — una experiencia feliz. Preferimos esto a los problemas que teníamos cuando bebíamos.

Una cosa más: cualquiera puede llegar a estar sobrio. Todos lo hemos hecho multitud de veces. El truco está en mantenerse y *vivir* sobrio. Este es el tema de este libro.

* Extracto de una declaración oficial emitida el 31 de julio de 1964.

1 Cómo usar este libro

Este libro *no* ofrece un plan de recuperación del alcoholismo. Los Pasos de Alcohólicos Anónimos que resumen su programa de recuperación se exponen detalladamente en los libros *Alcohólicos Anónimos* y *Doce Pasos y Doce Tradiciones*. En estas páginas, no se interpretan estos Pasos ni se describe la forma de aplicarlos.

Hablamos solamente de algunos métodos que hemos utilizado para vivir *sin* beber. Ustedes pueden utilizarlos todos, ya sea que estén o no estén interesados en Alcohólicos Anónimos.

Nuestra forma de beber estaba relacionada con muchos hábitos de mayor o menor importancia. Algunos tenían que ver con formas de pensar, o con lo que sentíamos por dentro. Otros tenían que ver con formas de actuar, las cosas que hacíamos, las acciones que emprendíamos.

Al acostumbrarnos a no beber alcohol, nos dimos cuenta de que necesitábamos reemplazar los viejos hábitos con otros nuevos.

(Por ejemplo, en lugar de tomarte el próximo trago —el que tienes en la mano o que estás planeando tomar— ¿puedes posponerlo hasta que llegues al final de la página seis? Tómate un refresco o jugo de fruta mientras lees, en vez de una bebida alcohólica. Más adelante, te daremos una explicación más detallada de los motivos de este cambio de hábitos.)

Después de pasar varios meses practicándolos, estos nuevos hábitos de sobriedad o estas nuevas formas de actuar y pensar se convirtieron en actos de segunda naturaleza para la mayoría de nosotros, así como solía ser el beber. El no beber ha llegado a ser algo natural y fácil, y no una lucha larga y lúgubre.

Estos métodos prácticos y de aplicación diaria se pueden emplear en casa, en el lugar de trabajo o en fiestas y otros eventos sociales. Además de estas estrategias, vamos a mencionar algunas cosas que nos ha resultado conveniente evitar o *no* hacer, cosas que, como ahora podemos ver, solían tentarnos a beber o ponían en peligro nuestra recuperación.

Creemos que muchas o tal vez todas las sugerencias propuestas aquí te serán útiles para llevar una vida sobria, cómoda y confortablemente. No tiene

ninguna importancia especial el orden en que se presentan en este libro.
Puedes ponerlas en el orden que te convenga con tal de que *funcione*. Tampoco
es una lista exhaustiva. Casi todo miembro con quien te tropieces podrá hacerte
por lo menos una buena sugerencia que no aparece aquí. Y es probable que se
te ocurran otras nuevas que te resulten beneficiosas. Esperamos que las pases
a otros que también puedan sacar de ellas algún beneficio.

A.A. como comunidad no avala ni recomienda oficialmente a todos los
alcohólicos todas las formas de actuar propuestas en este libro. Pero cada método les ha resultado útil a algunos miembros y puede que a ti también te sea
de alguna utilidad.

Este libro se ha concebido como un manual fácil de usar que se puede consultar de vez en cuando, y no como un texto para leer de cabo a rabo una sola
vez para luego olvidarlo.

A continuación aparecen dos advertencias que han resultado ser útiles.

A. Mantener una actitud abierta. Es posible que no te atraigan las sugerencias propuestas en este libro. Si es así, nos hemos dado cuenta de que, en vez
de rechazarlas para siempre, es mejor dejarlas a un lado por el momento. Si no
cerramos la mente a estas ideas, podemos más tarde volver a probar algunas
que antes no nos gustaban, si así lo deseamos.

Por ejemplo, a algunos de nosotros nos sucedió que en nuestros primeros
días sin beber, las sugerencias y el compañerismo que nos ofrecían nuestros
padrinos de A.A. nos ayudaban grandemente a mantenernos sobrios. Otros
esperamos hasta que visitamos muchos grupos y conocimos a muchos miembros antes de recurrir a la ayuda de un padrino.

Algunos de nosotros encontramos en la oración tradicional una fuerte ayuda
para no beber, mientras otros huimos de todo lo que tuviera el menor olor a
religión. No obstante, todos tenemos perfecta libertad de cambiar de opinión
más tarde si queremos hacerlo.

Algunos de nosotros nos dimos cuenta de que cuanto antes nos pusiéramos
a practicar los Doce Pasos sugeridos como programa de recuperación en el
libro *Alcohólicos Anónimos*, mejor. A otros nos parecía mejor aplazar hacerlo
hasta haber pasado algún tiempo sobrios.

Lo importante es reconocer que no hay una forma prescrita o "correcta" de
practicar el programa de A.A. Cada uno hace uso de lo que más le convenga —
sin cerrar la puerta a otros recursos de ayuda que posteriormente pueden serle
de utilidad. Y todos hacemos un esfuerzo por respetar el derecho de nuestros
compañeros a hacer las cosas a su manera.

A veces, se oye a un miembro de A.A. hablar de escoger entre los elementos
del programa como si se tratara de un "autoservicio", tomando lo que le guste y
dejando lo demás. A lo mejor le seguirán otros que deseen lo que él ha dejado
— o tal vez más tarde este mismo miembro volverá para tomar algunas ideas
que antes rechazó.

No obstante, vale tener en mente que en el autoservicio podemos vernos tentados a no tomar sino postres o pan o ensaladas u otra comida que nos guste en especial. Sirve para recordarnos de la importancia de una vida equilibrada.

Al ir recuperándonos del alcoholismo, nos dimos cuenta de lo necesario que es tener una dieta *equilibrada* de ideas, aun si, al principio, algunas no nos parecían tan apetitosas como otras. Así como la buena comida, las buenas ideas no nos hacen ningún bien a no ser que nosotros hagamos uso inteligente de ellas. Y esto nos conduce a la segunda advertencia:

B. Usar el sentido común. Llegamos a reconocer la necesidad de valernos de nuestro sentido común al aplicar a nuestra vida las siguientes sugerencias.

Como en el caso de cualquier otra buena idea, se puede hacer un mal uso de las sugerencias propuestas en este libro. Consideremos, por ejemplo, el asunto de comer caramelos. Obviamente, los alcohólicos con diabetes, obesidad o problemas de azúcar en la sangre han tenido que encontrar sustitutos, para no poner en peligro su salud; pero podían sacar algún beneficio de la *idea* de comer caramelos al estar recuperándose del alcoholismo. (Muchos nutricionistas están a favor de acostumbrarse a comer cosas ricas en proteínas en vez de dulces). Además, no es bueno para nadie abusar de este remedio. Aparte de los caramelos, debemos comer comidas balanceadas.

Otro ejemplo es el uso del lema "Tómalo con calma". Algunos nos hemos dado cuenta de que podíamos abusar de esta buena idea, y convertirla en un pretexto para la falta de puntualidad, la pereza o la mala educación. Por supuesto que ésta no es la intención del lema. Si se aplica apropiadamente, puede ser curativo; si se aplica mal, puede obstaculizar nuestra recuperación. Algunos de nosotros agregaríamos al lema: "'Tómalo con calma', pero hazlo".

Está claro que al seguir cualquier consejo, tenemos que usar nuestra inteligencia. Todo método que se describe aquí tiene que usarse con buen juicio.

Una cosa más. A.A. no pretende ofrecer consejo científico experto para mantener la sobriedad. Sólo podemos compartir contigo nuestra experiencia personal, y no teorías y explicaciones profesionales.

Así que en estas páginas no se ofrecen fórmulas mágicas para dejar de beber si aún lo estás haciendo, ni milagrosos secretos para acortar o evitar una resaca.

A veces, se puede lograr la sobriedad en casa; pero una larga carrera de bebedor suele causar problemas médicos tan graves que sería aconsejable pedir la ayuda de un médico o de un hospital para desintoxicarse. Si estás tan gravemente enfermo, puede que necesites asistencia de esta clase antes de poder interesarte en lo que ofrecemos aquí.

Sin embargo, muchos de nosotros que no estuvimos tan gravemente enfermos hemos logrado pasar lo peor en compañía de nuestros amigos de A.A. Sólo por haberlo experimentado nosotros mismos, frecuentemente podemos ayudar a aliviar en parte las penas y el sufrimiento. Por lo menos, lo entendemos. Hemos pasado por esto.

Así que el tema de este libro es el de *no* beber (no se trata de *dejar* de beber). Se trata de vivir sobrio.

Nos hemos dado cuenta de que para nosotros la recuperación *empezó* por no beber: por lograr la sobriedad y no tomar nada de alcohol en ninguna forma. Además nos hemos dado cuenta de que tenemos que mantenernos alejados de las drogas psicotrópicas. Podemos progresar hacia una vida feliz y satisfactoria sólo si nos mantenemos sobrios. La sobriedad es la rampa de lanzamiento hacia nuestra recuperación.

En cierto sentido, este libro trata de cómo vivir sobrio. (Antes no podíamos y por eso bebíamos).

2 Mantenerse alejado del primer trago

En A.A. se suelen oír estas expresiones: "Si no te tomas el primer trago, no puedes emborracharte" y "un trago es demasiado y 20 no son suficientes".

Muchos de nosotros, cuando empezamos a beber, nunca deseábamos ni tomábamos más de uno o dos tragos. Pero con el paso de los años, fuimos aumentando la cantidad. Luego, en años posteriores, nos veíamos bebiendo cada vez más, y algunos emborrachándonos profundamente para quedarnos en este estado largo tiempo. Tal vez no se notaba nuestra condición al hablar o al andar, pero para aquel entonces, nunca estábamos realmente sobrios.

Si nos sentíamos muy preocupados por esto, bebíamos menos, o intentábamos beber solamente uno o dos tragos, o cambiábamos de licores fuertes a vino o cerveza. Al menos, tratábamos de limitar la cantidad para evitar emborracharnos desastrosamente. O intentábamos ocultar cuánto bebíamos.

Pero estas tácticas nos resultaban cada vez más difíciles. De vez en cuando, incluso nos absteníamos de beber totalmente durante una temporada.

Con el tiempo, volvíamos a beber: sólo un trago. Y, ya que esto aparentemente no nos hacía ningún grave daño, nos parecía que podíamos tomarnos otro sin peligro. Tal vez eso era lo único que tomamos en aquella ocasión, y era un alivio descubrir que podíamos tomar solamente uno o dos tragos y luego parar. Algunos hicimos eso muchas veces.

Pero la experiencia resultó ser engañosa. Nos convenció de que podíamos beber sin peligro. Y entonces llegaba la ocasión (una celebración especial, una pérdida personal, o nada en particular) en que dos o tres tragos nos hacían sentirnos bien, así que creíamos que dos tragos más no nos harían daño. Y sin la menor intención de hacerlo, nos encontramos otra vez bebiendo demasiado. Estábamos de vuelta donde habíamos empezado: bebiendo en exceso sin querer hacerlo.

Tales experiencias repetidas nos han obligado a llegar a esta conclusión lógicamente ineludible: si no nos tomamos el primer trago, nunca nos emborrachamos. Por lo tanto, en vez de planear no emborracharnos nunca, o intentar limitar el número de bebidas o la cantidad de alcohol, hemos aprendido a concentrarnos en evitar sólo un trago: el primero.

De hecho, en vez de preocuparnos por limitar el número de tragos que bebemos durante una ocasión, evitamos el que sirve para empezar la serie.

Parece un razonamiento muy simplista, ¿no es así? A muchos de nosotros, ahora nos resulta difícil creer que no se nos hubiera ocurrido esto antes de llegar a A.A. (Para decir verdad, nunca tuvimos un deseo sincero de dejar de beber hasta que nos enteramos de lo que era el alcoholismo). Pero lo más importante es: Ahora sabemos que esto es lo que da resultados.

En vez de tratar de calcular cuántos tragos podríamos aguantar, ¿cuatro, seis, una docena?, nos decimos: "No te tomes el primer trago". Es mucho más sencillo. Tener la costumbre de pensar así nos ha ayudado a cientos de miles de nosotros a mantenernos muchos años sobrios.

Los médicos expertos en el alcoholismo nos dicen que, desde el punto de vista médico, tiene mucho sentido evitar el primer trago. El primer trago es el que inmediatamente, o poco después, provoca la compulsión de beber y seguir bebiendo hasta encontrarnos de nuevo en problemas con la bebida. Muchos de nosotros hemos llegado a creer que nuestro alcoholismo es una adicción a la droga que es el alcohol; al igual que los demás adictos que quieren seguir recuperándose, tenemos que mantenernos alejados de esta primera dosis de la droga a la que somos adictos. Nuestra experiencia parece demostrar esto, como se puede leer en el libro *Alcohólicos Anónimos* y en nuestra revista, el Grapevine, y como se puede oír decir dondequiera que se reúnen los miembros de A.A. y comparten sus experiencias.

3 Usar el plan de 24 horas

En nuestros días de bebedores, pasamos tan malos ratos tan a menudo que juramos no hacerlo "nunca más". Hicimos promesas solemnes de no beber durante un año, o prometimos a alguien que íbamos a pasar tres semanas o tres meses sin tocar el alcohol. Y, naturalmente, tratamos de abstenernos de beber durante varios períodos de tiempo.

Éramos totalmente sinceros al hacer estas promesas rechinando los dientes De todo corazón, no queríamos volver a beber nunca más. Estábamos decididos. Juramos dejar de beber, con intención de mantenernos alejados del alcohol por un tiempo indefinido.

No obstante, a pesar de nuestras buenas intenciones, siempre teníamos los mismos resultados casi inevitables. Y con el tiempo se iban desvaneciendo los recuerdos de las promesas solemnes y de los sufrimientos que nos habían conducido a hacerlas. Volvimos a beber, y acabamos con más problemas. Nuestro "para siempre" había durado muy poco.

Algunos de los que habíamos hecho tales promesas teníamos nuestras reservas personales: Nos dijimos a nosotros mismos que la promesa de no beber sólo se aplicaba a las bebidas fuertes, no al vino ni a la cerveza. De esa manera, si acaso no lo supiéramos ya, nos dimos cuenta de que podíamos emborracharnos con el vino y la cerveza también. Simplemente teníamos que beber más para que nos produjeran los mismos efectos que los licores destilados. Acabamos tan borrachos con la cerveza y el vino como lo habíamos estado con las bebidas fuertes.

Y otros logramos dejar de beber completamente y cumplimos con lo que habíamos prometido exactamente como lo habíamos jurado, hasta cumplir el tiempo fijado. Y luego pusimos fin a la sequía y volvimos a beber y muy pronto nos encontramos otra vez metidos en problemas y con una carga adicional de nuevos remordimientos y culpabilidad.

Habiendo pasado ya estas luchas, en A.A. tratamos de evitar expresiones tales como "régimen seco" o "juramentos de abstinencia". Nos hacen pensar en nuestros fracasos.

Aunque nos damos cuenta de que el alcoholismo es una afección crónica e irreversible, hemos aprendido por experiencia a no hacer promesas de sobriedad a largo plazo. Nos parece más realista, y más práctico, decir "No voy a tomarme un trago *hoy*".

Incluso si bebimos ayer, podemos planear no beber hoy. Puede ser que bebamos mañana —quién sabe si entonces estaremos vivos— pero decidimos no beber durante estas venticuatro horas. Sea cual sea la tentación o incitación, nos resolvemos a hacer todo lo necesario para evitar beber *hoy*.

Con razón nuestros amigos y familiares están cansados de oírnos prometer: "Esta vez lo digo en serio", sólo para vernos regresar borrachos a casa. Por eso no les prometemos a ellos, ni incluso entre nosotros, que no vamos a beber más. Cada uno de nosotros se lo promete a sí mismo. Después de todo, lo que está en juego es nuestra propia salud y nuestra propia vida. Nos corresponde a nosotros, no a nuestros familiares o amigos, tomar las medidas necesarias para mantenernos en buena salud.

Si sentimos un deseo muy apremiante de beber, dividimos las 24 horas en partes más pequeñas. Decidimos no beber durante una hora, digamos. Podemos soportar la molestia temporal de estar sin beber una hora más; y luego otra más y así sucesivamente. Muchos de nosotros empezamos a recuperarnos exactamente así. De hecho, *cada recuperación del alcoholismo empieza con una hora de sobriedad.*

Una versión de esto es simplemente posponer el (próximo) trago.

(¿Y cómo va eso? ¿Todavía sigues bebiendo tu gaseosa? ¿Has pospuesto aquel trago que mencionamos en la página 1? Si es así, éste puede ser el comienzo de tu recuperación.

El próximo trago lo podemos tomar un poco más tarde. Pero ahora lo posponemos. No lo vamos a tomar hoy o en este momento. (No hasta terminar esta página, digamos.)

El plan de veinticuatro horas es muy flexible. Podemos volver a empezar en cualquier momento, dondequiera que estemos. En casa, en el trabajo, en un bar o en un hospital, a las cuatro de la tarde o a las tres de la mañana, podemos decidir allí mismo no tomarnos un trago en las próximas veinticuatro horas, o cinco minutos.

Con este plan, constantemente renovado, evitamos las desventajas de métodos tales como el régimen seco o el juramento solemne de abstinencia. Un período de régimen seco o un juramento llegan a su fin, según lo habíamos previsto, así que nos sentíamos libres de volver a beber. Pero hoy siempre está presente. La vida es diaria; todo lo que tenemos es el día de hoy; y cualquiera puede pasar un día sin beber.

Primero, tratamos de vivir en el momento presente para poder mantenernos sobrios. Y esto funciona. Una vez que esta idea se convierte en parte integrante de nuestra forma de pensar, nos damos cuenta de que vivir la vida dividida en trozos de 24 horas es una manera eficaz y satisfactoria de enfrentarnos con otros muchos asuntos.

4 Tener presente que el alcoholismo es una enfermedad incurable, progresiva y mortal

Hay muchas personas en el mundo que saben que no pueden comer ciertas comidas, ostras o fresas, huevos o pepinos o azúcar u otras, sin sentirse bastante incómodos y tal vez muy enfermos.

Una persona que tiene una alergia de este tipo puede que pase sus días sintiendo lástima de sí misma, quejándose a todo el mundo de estar injustamente privada de comer algún plato delicioso, lamentándose de no poder hacerlo o de que no les está permitido.

Evidentemente, aunque nos sintamos maltratados por la suerte, es poco prudente no hacer caso de nuestra constitución fisiológica. El no hacer caso de nuestras limitaciones puede causarnos una grave indisposición o enfermedad. Para mantenernos con buena salud y ser razonablemente felices, debemos aprender a vivir con el cuerpo que tenemos.

Una de las nuevas formas de pensar que puede cultivar el alcohólico en recuperación es la de tener una imagen de sí mismo como una persona que tiene que evitar las sustancias químicas (alcohol u otras drogas que pueden sustituirlo) para mantenerse en buena salud.

Tenemos la evidencia de nuestros días de bebedores, un total de centenares de miles de años dedicados a beber alcohol en enormes cantidades. Sabemos que, con el paso de los años, nuestros problemas relacionados con la bebida se iban empeorando continuamente. El alcoholismo es una enfermedad progresiva.

Claro que muchos de nosotros pasamos por períodos de meses, e incluso años, en que creíamos a veces que nuestra forma de beber en cierto modo se había normalizado por sí sola. Parecíamos ser capaces de ingerir cantidades bastante impresionantes de alcohol sin exponernos a grandes peligros. O pasábamos largas temporadas sin beber excepto algunas noches esporádicas de borrachera, y según nos parecía a nosotros, nuestra forma de beber no se iba empeorando aparentemente. No sucedió nada espantoso o dramático.

No obstante, ahora podemos ver que, tarde o temprano, nuestro problema con la bebida inevitablemente acabó haciéndose más grave.

Algunos médicos expertos en alcoholismo nos dicen que a medida que envejecemos el alcoholismo se va empeorando constantemente. (¿Conoces a alguien que no se vaya envejeciendo?)

Además, tras los incontables intentos que hacíamos para demostrar lo contrario, nos quedamos convencidos de que el alcoholismo es incurable — igual que otras enfermedades. No tiene "curación" en el siguiente sentido: no podemos cambiar nuestra fisiología y volver a ser los bebedores sociales moderados y normales que parecíamos ser en nuestra juventud.

Como decimos algunos, volver a ese estado nos sería tan imposible como le sería al vino convertirse en uvas. Ningún medicamento ni tratamiento psicológico que hayamos probado nos ha "curado" de nuestro alcoholismo.

Además, por haber visto a miles y miles de alcohólicos que no dejaron nunca de beber, nos quedamos firmemente convencidos de que el alcoholismo es una enfermedad mortal. No solamente hemos visto a alcohólicos beber literalmente hasta la muerte —pasando por el síndrome de abstinencia, muriendo con delirium tremens o durante convulsiones o muriendo de cirrosis del hígado directamente relacionada con su forma de beber— sino que además sabemos que, en muchos casos, aunque no se cita oficialmente el alcoholismo como causa de muerte, en realidad lo es. Muy frecuentemente una muerte cuya causa inmediata se atribuye a un accidente de automóvil, ahogamiento, o suicidio, homicidio, un ataque al corazón, pulmonía, quemaduras o apoplejía, es de hecho la consecuencia de una forma de beber alcohólica.

Naturalmente, la mayoría de los miembros de A.A. nos sentíamos a salvo de correr tal suerte cuando bebíamos. Y probablemente, la mayoría de nosotros ni siquiera nos aproximamos a las horribles etapas finales del alcoholismo crónico.

Pero nos dimos cuenta de que podríamos llegar a tal fin si seguíamos bebiendo. Si subes a un autobús con destino a una ciudad a mil millas de distancia, tarde o temprano acabarás llegando allí a no ser que te bajes del autobús y viajes en otra dirección.

Bien. ¿Qué haces si te enteras de que tienes una enfermedad incurable, progresiva y mortal — bien sea el alcoholismo o una afección cardiaca o cáncer?

Mucha gente simplemente se niega a aceptarlo, hacen caso omiso de la afección, rehúsan todo tratamiento, sufren y mueren.

Pero hay otro camino.

Puedes aceptar el "diagnóstico", persuadido por tu médico, tus amigos o por ti mismo. Luego te puedes enterar de lo que se puede hacer, si acaso se puede hacer algo, para "controlar" la afección a fin de poder vivir muchos años felices, productivos y saludables *siempre que te cuides apropiadamente*. Te das plena cuenta de lo grave que es tu enfermedad y haces las cosas sensatas necesarias para llevar una vida sana.

En cuanto al alcoholismo es sorprendentemente fácil hacer estas cosas, si realmente quieres mantenerte en buena salud. Y dado que los A.A. hemos aprendido a disfrutar tanto de la vida, realmente queremos mantenernos en buena salud.

Nos esforzamos por no perder nunca de vista el hecho inmutable de nuestro alcoholismo, pero aprendemos a no amargarnos pensando en ello, ni a sentir lástima de nosotros mismos, ni a hablar sin cesar sobre el asunto. Lo aceptamos como una característica física nuestra, tal como nuestra estatura, o la necesidad que tenemos de llevar lentes o como cualquier alergia que tengamos.

Luego podemos buscar formas apropiadas para vivir cómodamente, no amargamente, con este conocimiento con tal de que empecemos simplemente por evitar ese *primer* trago (¿recuerdas?) sólo por hoy.

Un miembro ciego de A.A. dijo que su alcoholismo se parece mucho a su ceguera. "Una vez que acepté la pérdida de la vista", explicó, "y empecé a aprovechar el programa de rehabilitación que tenía a mi disposición, descubrí que, con la ayuda de mi bastón o mi perro, realmente puedo ir a donde quiera con bastante seguridad, con tal de no olvidarme ni hacer caso omiso del hecho de ser ciego. Pero cuando me comporto como si no supiera que no puedo ver, me meto en líos y me lastimo".

"Si quieres ponerte bien", dijo una mujer, miembro de A.A., "simplemente tienes que seguir el tratamiento y seguir las indicaciones y seguir viviendo. Es fácil siempre que tengas en cuenta los hechos reales respecto a tu salud. ¿Quién tiene tiempo para sentir lástima de una misma o creerse maltratada por la suerte después de descubrir que hay tantas satisfacciones relacionadas con vivir felizmente y sin temor de tu enfermedad?"

Para resumir: Tenemos presente que padecemos de una enfermedad incurable y posiblemente mortal llamada alcoholismo. Y en lugar de seguir bebiendo, preferimos encontrar formas agradables de vivir sin alcohol y disfrutar de ellas.

No tenemos que sentirnos avergonzados de tener una enfermedad. No es una vergüenza. Nadie sabe exactamente por qué algunas personas llegan a ser alcohólicas y otras no. No es culpa nuestra. No queríamos convertirnos en alcohólicos. No nos esforzamos por contraer esta enfermedad.

A fin de cuentas, no sufríamos del alcoholismo por el puro placer de hacerlo. No nos pusimos deliberada y maliciosamente a hacer las cosas por las que más tarde nos sentimos avergonzados. Las hicimos en contra de nuestro mejor criterio y nuestros instintos porque estábamos realmente enfermos y ni siquiera lo sabíamos.

Llegamos a darnos cuenta de que nada bueno puede salir de los vanos arrepentimientos y preocupaciones fútiles por las posibles causas de nuestra condición. El primer paso hacia sentirnos mejor y recuperarnos de nuestra enfermedad es simplemente no beber.

Considera lo siguiente: ¿No preferirías saber que tienes un problema de salud que se puede tratar con éxito a pasar cantidad de tiempo atormentado por no saber qué te pasa? Esta imagen nos parece más atractiva y nos hace sentir mejor que aquellos seres lúgubres que solíamos ver. También corresponde más a la realidad. Lo sabemos. La prueba está en cómo nos sentimos, actuamos y pensamos ahora.

Todo aquel que quiera puede sentirse libre de pasar "un período de prueba" con este nuevo concepto de sí mismo. Después, quien quiera volver a los viejos tiempos es totalmente libre de comenzarlos de nuevo. Estás en tu derecho de recuperar tus sufrimientos si lo quieres.

Por otro lado, puedes guardar la nueva imagen de ti mismo, si así lo prefieres. Esto también es tu perfecto derecho.

5. "Vive y deja vivir"

El viejo refrán "Vive y deja vivir" parece tan común que es fácil pasar por alto su valor. Claro está que una de las razones por las que se ha repetido una y otra vez a lo largo de los años es que ha resultado ser muy útil de tantas maneras.

Los A.A. hacemos algunos usos especiales del refrán que nos ayudan a no beber. En particular nos ayuda a soportar a la gente que nos crispa los nervios.

Al volver a repasar nuestra historia de bebedores, muchos de nosotros podemos darnos cuenta de con cuánta frecuencia nuestro problema con la bebida parecía estar relacionado con otra gente. Probar la cerveza o el vino en nuestra adolescencia parecía algo natural, porque tanta gente lo hacía y queríamos tener su aprobación. Luego había las bodas y los bar mitzvahs y los bautizos y fiestas y partidos de fútbol y almuerzos de negocios… y se puede alargar la lista. En todas esas circunstancias bebíamos, por lo menos en parte, porque todo el mundo bebía y parecía que se esperaba que nosotros también lo hiciéramos.

Los que empezamos a beber solos, o a echarnos un trago a escondidas de vez en cuando, a menudo lo hacíamos para evitar que otra persona o personas supieran cuánto y con qué frecuencia bebíamos. Rara vez nos gustaba oír a nadie hablar acerca de nuestra forma de beber. Si lo hacían, solíamos darles "razones" por las que bebíamos, como si quisiéramos protegernos de sus críticas y sus quejas.

Algunos nos poníamos muy argumentadores e incluso beligerantes con otras personas después de beber. Pero a otros nos parecía que nos llevábamos mejor con la gente después de tomarnos uno o dos tragos, ya se tratara de un acontecimiento social, una venta difícil o una entrevista de trabajo o incluso hacer el amor.

Nuestra forma de beber nos condujo a muchos de nosotros a escoger a nuestros amigos de acuerdo a la cantidad que bebían. Incluso cambiamos de amigos cuando nos parecía que habíamos "superado" su estilo de beber. Preferíamos los "auténticos bebedores" a los que se tomaban sólo uno o dos tragos. Y tratábamos de evitar a los abstemios.

Muchos nos sentíamos culpables y airados por la reacción de nuestra familia ante nuestra forma de beber. Algunos perdimos nuestros trabajos porque el jefe o un colega pusieron objeciones a nuestra forma de beber. Nos habría gustado que la gente se preocupara de sus asuntos y nos dejara en paz.

A menudo nos sentíamos enojados y temerosos incluso con gente que no nos había criticado. El sentimiento de culpabilidad que teníamos nos hacía sentir hipersensibles con quienes nos rodeaban y éramos de los que guardan rencores. A veces cambiábamos de bar, de trabajo y nos trasladábamos a otro barrio sólo para alejarnos de ciertas personas.

Así que, de alguna que otra forma, muchas personas aparte de nosotros estaban implicadas hasta cierto punto en nuestro modo de beber.

Cuando dejamos de beber, nos fue un gran alivio descubrir que la gente que conocimos en A.A., alcohólicos recuperados, parecían ser muy diferentes. No nos criticaban ni desconfiaban de nosotros. Nos acogieron con comprensión y auténtico interés.

No obstante, es muy natural que a veces encontremos a personas que nos crispan los nervios, dentro y fuera de A.A. Puede ser que nuestros amigos no A.A., nuestros compañeros de trabajo, nuestra familia, nos traten como si aún estuviéramos bebiendo. (Puede que les cueste algún tiempo creer que realmente hemos dejado de beber. Después de todo, puede que nos hayan visto dejarlo muchas veces en el pasado, sólo para volver a beber.)

Para empezar a poner en práctica el concepto de "Vive y deja vivir" debemos enfrentarnos con este hecho: *Hay* gente en A.A. y en otras partes que a veces dicen cosas con las que no estamos de acuerdo, o hacen cosas que no nos gustan. Aprender a vivir con diferencias es esencial para nuestra comodidad. En estos casos precisamente nos ha resultado útil decir a nosotros mismos, "bueno, vive y deja vivir".

De hecho, se recalca mucho la importancia de aprender a tolerar el comportamiento de otras personas. Por muy ofensivo o de mal gusto que nos pueda parecer, *no* es motivo suficiente para volver a beber. Nuestra propia recuperación es demasiado importante. Como bien sabemos, el alcoholismo puede ser mortal y frecuentemente lo es.

Hemos llegado a darnos cuenta de que vale la pena hacer un esfuerzo especial para comprender a otras personas, especialmente a los que nos caen mal. Para nuestra recuperación es más importante comprender que ser comprendidos. Esto no es muy difícil si tenemos presente que los demás miembros de A.A., al igual que nosotros, también están haciendo esfuerzos para comprender.

Y además vamos a conocer a algunas personas en A.A., o en otras partes, que tampoco estarán muy encantadas con nosotros. Así que todos tratamos de respetar los derechos de los demás a actuar como más les convenga (o como tienen que actuar). En este caso podemos esperar que nos traten con la misma cortesía. Y por lo general en A.A. suelen hacerlo.

Normalmente, las personas que se llevan bien, en un barrio, en una compañía, en un club o en A.A., tienden a pasar tiempo juntos. Cuando pasamos tiempo con la gente que nos gusta, nos sentimos menos molestos con los que no nos complacen.

Con el tiempo, llega el momento en que no tenemos miedo de alejarnos directamente de la gente que nos fastidia, en vez de mansamente aguantar la molestia o tratar de corregirlos para que nos caigan mejor.

Ninguno de nosotros puede acordarse de que nadie nos forzara a beber. Nunca nadie nos tenía atados para obligarnos a beber alcohol. En el pasado nadie nos obligaba *físicamente* a beber, y ahora tratamos de asegurar que nadie nos empuje *mentalmente* a beber.

Es muy fácil utilizar las acciones de otras personas como pretexto para beber. Solíamos ser expertos en hacerlo. Pero en la sobriedad hemos aprendido una nueva técnica: Nunca nos permitimos llegar a estar tan resentidos con alguien que dejamos que esa persona controle nuestras vidas: especialmente hasta el punto de empujarnos a beber. Nos hemos dado cuenta de que no tenemos ningún deseo de dejar que nadie dirija o destruya nuestras vidas.

Un sabio de la antigüedad dijo que no deberíamos criticar a nadie hasta haber andado un trecho en sus zapatos. Si seguimos este sabio consejo podemos llegar a ser más compasivos con nuestros prójimos. Y seguirlo nos hace sentir mucho mejor que tener una resaca.

"Deja vivir": sí. Pero para algunos de nosotros la primera parte del lema tiene el mismo valor: "¡Vive!"

Cuando nos las hemos arreglado para disfrutar plenamente *nuestras propias* vidas, entonces nos sentimos contentos de dejar a los demás que vivan como quieran. Si nuestras propias vidas son interesantes y productivas no tenemos ningún motivo ni deseo de criticar a otros o preocuparnos por la forma en que se comportan.

¿Puedes pensar ahora mismo en alguien que realmente te molesta?

Si puedes hacerlo, prueba lo siguiente. Trata de posponer pensar en él o ella y en lo que tenga esta persona que tanto te revienta. Más tarde, si así lo quieres, puedes reavivar la rabia que llevas dentro. Pero por ahora por qué no lo pospones hasta que leas el próximo párrafo.

¡Vive! Preocúpate de tu propia vida. A nuestro parecer, mantenerse sobrio abre las puertas de la vida y la felicidad. Vale la pena sacrificar muchos rencores y disputas... Tal vez no lograste apartar completamente de tus pensamientos a esa persona. Vamos a ver si la siguiente sugerencia te servirá de ayuda.

6 Estar activo

Es muy difícil quedarte ahí sentado intentando *no* hacer una cosa determinada o *ni siquiera* pensar en ella. Es mucho más fácil ponernos en acción y hacer *otra* cosa, diferente de lo que estamos intentando evitar.

Y así es con la bebida. Tratar simplemente de evitar un trago (o no pensar en tomar uno) no parece ser suficiente por sí mismo. Cuanto más pensamos en el trago que estamos tratando de evitar, más nos ocupa la mente. Y eso no es bueno. Es mejor mantenerse ocupado con algo, casi con cualquier otra cosa, que nos ocupe la mente y canalice nuestras energías hacia la salud.

Miles de nosotros nos hemos preguntado qué íbamos a hacer con todo el tiempo que tendríamos a nuestra disposición una vez que dejáramos de beber. Y así fue: cuando dejamos de beber, todas las horas que habíamos dedicado a planear, a conseguir nuestros tragos, a beber y a recuperarnos de sus efectos inmediatos, de pronto se convirtieron en grandes vacíos de tiempo que había que llenar de alguna forma.

La mayoría de nosotros teníamos trabajos que hacer. No obstante, aun así nos encontrábamos con largos intervalos de horas y minutos sin nada que hacer. Necesitábamos acostumbrarnos a nuevas actividades para llenar aquellos vacíos y utilizar la energía que antes absorbía nuestra preocupación, o nuestra obsesión, por beber.

Cualquiera que haya tratado de perder una mala costumbre sabe que es más fácil sustituirla por una actividad nueva y diferente que simplemente dejar de hacerla sin tener nada con qué reemplazarla.

Los alcohólicos recuperados suelen decir, "no basta con dejar de beber". Simplemente *no beber* es una cosa negativa y estéril, lo cual queda claramente demostrado por nuestra experiencia. Para *seguir* sin beber, nos hemos dado cuenta de que tenemos que reemplazar el beber por un programa de acción positiva. Hemos tenido que aprender a *vivir* sobrios.

Puede que el temor fuera lo que nos impulsó originalmente a considerar la posibilidad de que teníamos un problema con la bebida. Y por un corto período de tiempo puede que el temor por sí mismo sirva para mantenernos alejados de la bebida. Pero no vamos a sentirnos muy felices ni tranquilos si nos mantenemos mucho tiempo en un estado temeroso. Así que tratamos de cultivar un sano respeto por el poder del alcohol, en lugar de tenerle miedo, así como la gente tiene un sano respeto por el cianuro o la tintura de yodo u otro veneno. Sin vivir en un constante estado de temor a estas sustancias, la mayoría de los seres humanos se dan cuenta del daño que pueden causar al cuerpo y tienen la suficiente cordura como para no ingerirlas. Asimismo, nosotros los miembros de A.A. nos damos cuenta del poder del alcohol y le tenemos el mismo respeto. Por supuesto, está basado en nuestra experiencia de primera mano, y no en ver la etiqueta con la calavera.

No podemos contar con que el temor nos sirva para superar esas horas vacías sin tomarnos un trago. Así que, ¿qué podemos hacer?

Hemos encontrado multitud de actividades útiles y provechosas, algunas más que otras. A continuación mencionamos dos, por orden de eficacia según nuestra experiencia.

A. Actividades relacionadas con A.A.

Cuando los miembros experimentados de A.A. dicen que "mantenerse activos" les ha resultado útil en su recuperación del alcoholismo, normalmente se refieren a su participación en actividades relacionadas con A.A.

Si lo deseas, puedes hacer esto antes de decidir si quieres hacerte miembro de A.A. No necesitas permiso ni invitación de nadie.

De hecho, antes de tomar cualquier decisión respecto a tu problema con la bebida, podría ser una buena idea pasar algún tiempo familiarizándote un poco con A.A. No te preocupes: solo el asistir a las reuniones de A.A. y observar lo que pasa no te va a convertir en alcohólico o en miembro de A.A., de la misma forma que sentarte en un gallinero no te convierte en gallina. Puedes hacer una especie de "simulacro" o un "ensayo general" antes de tomar una decisión en cuanto a "unirte".

Muchas veces, las actividades en que participamos al comienzo pueden parecer de poca importancia, pero los resultados demuestran que son de mucho valor. Podemos decir que estas cosas sirven para "romper el hielo", porque nos hacen más fácil sentirnos cómodos con gente que no conocemos.

Vas a ver que al terminar la mayoría de las reuniones de A.A., algunos de los asistentes se ponen a recoger las sillas, limpiar los ceniceros y llevar las tazas vacías al fregadero.

Únete a ellos. Puede que te sorprenda el efecto que tales tareas, aparentemente de poca importancia, pueden tener en ti. Puedes ayudar a lavar las tazas y la cafetera, guardar la literatura, y barrer el piso.

Ayudar a hacer estas pequeñas tareas *no* significa que te hayas convertido en el limpiador del local. Nada de eso. Por haberlo hecho muchos años y haber visto a otros compañeros hacerlo, sabemos que casi toda persona felizmente recuperada en A.A. ha pasado su tiempo encargada de los refrescos o de la limpieza. El hacer estas tareas nos ha producido resultados concretos, beneficiosos y normalmente sorprendentes.

De hecho, muchos de nosotros no empezamos a sentirnos cómodos en A.A. hasta que no empezamos a ayudar a hacer estas simples tareas. Y nos sentimos aun más cómodos y más alejados de la bebida o de la idea de beber cuando asumimos la responsabilidad de hacer, de manera regular, una pequeña y determinada tarea, tal como traer los refrescos, ayudar a prepararlos y servirlos, servir en el comité de hospitalidad, u otros quehaceres. Sólo con observar a la gente llegarás a saber lo que hay que hacer para preparar la sala para la reunión de A.A. o para hacer la limpieza después.

Por supuesto, nadie *tiene que* hacer tales cosas. En A.A. nadie se ve nunca obligado a hacer o no hacer alguna cosa. Pero estas simples tareas de poca importancia y el compromiso (sólo con nosotros mismos) de hacerlas diligentemente han producido en muchos de nosotros efectos inesperadamente buenos y siguen produciéndolos. Contribuyen a robustecer nuestra sobriedad.

Al pasar más tiempo con un grupo de A.A., te darás cuenta de otras tareas que hay que hacer. Oirás al secretario hacer anuncios y verás al tesorero encargarse de la canasta de contribuciones. Servir en uno de estos puestos, cuando hayas acumulado algún tiempo sin beber (unos 90 días en la mayoría de los grupos), es una buena forma de ocupar el tiempo que solíamos pasar bebiendo.

Si estas tareas te interesan, te será útil hojear el folleto "El Grupo de A.A." en el que se explica lo que hacen los "oficiales" del grupo, y cómo se eligen.

En A.A. no hay ningún miembro "superior" o "inferior" a otro. No hay clases, ni estratos ni jerarquías entre los miembros. No hay oficiales con poder para gobernar ni con autoridad alguna. A.A. no es una organización en el sentido usual del término. Es una comunidad de iguales. Todos se tratan de tú. Los miembros se turnan en hacer los trabajos de servicio necesarios para efectuar las reuniones del grupo u otras funciones.

No se exige ninguna competencia profesional ni formación particular. Incluso si nunca te ha interesado unirte a ninguna asociación y nunca has servido como presidente o secretario de ningún organismo, puede que dentro del grupo de A.A. estas tareas te resulten fáciles de realizar, como lo son para la mayoría de nosotros, y producen en nosotros muy buenos resultados. Sirven para sentar una base sólida para nuestra recuperación.

Ahora pasamos a la segunda clase de actividades que nos ayudan a mantenernos alejados de la bebida.

B. Actividades no relacionadas con A.A.

Es curioso, pero cierto, el hecho de que algunos de nosotros al dejar de beber parecemos sufrir de una falta temporal de imaginación.

Es curioso porque, en nuestros días de bebedores, tantos de nosotros teníamos una imaginación casi increíblemente fértil. En menos de una semana, podíamos inventar más motivos (¿pretextos?) para tomarnos un trago que la mayoría de la gente inventa en toda su vida para justificar cualquier cosa. (Dicho sea de paso, como regla general, los bebedores normales, o sea los no alcohólicos, *nunca* se sienten obligados a utilizar ni utilizan ninguna justificación para beber o no beber.)

Cuando ya no tenemos que darnos a nosotros mismos razones para beber, parece que nuestras mentes van a la huelga. A algunos de nosotros nos resulta imposible idear cosas que hacer sin beber. Tal vez es así simplemente porque no estamos acostumbrados a hacerlo. O tal vez la mente necesita pasar por un período de convalecencia tranquila al cesar el alcoholismo activo. Sea cual sea el caso, la torpeza es pasajera. Al cumplir un mes de sobriedad, muchos de nosotros notamos una clara diferencia. Con el paso de tres meses, nuestra mente se aclara aun más. Y durante nuestro segundo año de recuperación, el cambio es impresionante. Parece que disponemos de más energía mental que nunca.

No obstante, durante ese tiempo inicial de sequía aparentemente sin fin, oirás a algunos decir: "¿Qué se puede hacer?"

La lista que aparece a continuación para uso durante ese período es solamente para empezar. No tiene nada de emocionante ni de arriesgado, pero comprende diversas actividades en las que hemos participado para llenar estas primeras horas vacías cuando no estábamos trabajando o con otras personas no bebedoras. Sabemos que dan resultados. Hacíamos cosas como éstas:

1. *Caminar*—especialmente a lugares a donde nunca habíamos ido, y por parques y por el campo. Paseos a paso mesurado, no marchas forzadas.

2. *Leer*—aunque algunos nos poníamos bastante nerviosos si intentábamos leer algo que nos exigía mucha concentración.

3. *Ir a museos y galerías de arte.*

4. *Hacer ejercicio*—nadar, jugar al golf, salir a correr, hacer yoga u otro ejercicio según aconseje el médico.

5. *Ponerse a hacer tareas aplazadas*—vaciar y limpiar ese cajón, clasificar esos papeles, contestar a algunas cartas, colgar retratos o hacer algo parecido que hayamos aplazado.

Nos hemos dado cuenta de que es muy importante no hacer ninguna de estas cosas de manera *exagerada*. Hacer planes para limpiar todos los roperos (o todo el ático o el garaje o el sótano o el apartamento) puede ser bastante fácil. Pero después de dedicar al proyecto un día entero de trabajo físico, podemos acabar exhaustos, sucios, desalentados y sin terminar. Así que el consejo que nos damos unos a otros es: hacer planes de tamaño razonable. Para empezar, no te pongas a limpiar toda la cocina o poner en orden todos los archivos, sino tan sólo un cajón o una carpeta. Otro día puedes hacer otro.

6. *Probar un nuevo pasatiempo*—nada muy caro ni que exija mucha dedicación; una actividad placentera en la que no tenemos que destacar o vencer, una diversión solamente para disfrutar de algunos momentos de recreo. Muchos nos hemos dedicado a hacer cosas que nunca habíamos soñado hacer, tales como el bridge, el macramé, la ópera, los peces tropicales, carpintería, hacer punto, béisbol, escribir, cantar, hacer crucigramas, cocinar, observación de pájaros, teatro aficionado, artesanía de cuero, jardinería, navegación a vela, guitarra, el cine,

baile, canicas, bonsai, coleccionar alguna que otra cosa. A muchos ahora nos encanta hacer cosas que antes ni siquiera nos hubiéramos parado a considerar.

7. *Volver a probar un antiguo pasatiempo*, excepto lo que ya sabes. Tal vez, en algún rincón de la casa, tienes guardada una cajita de acuarelas que no has tocado desde hace años, o lo necesario para bordar, o un acordeón, una pala de ping pong o un juego de backgamon, una colección de cintas grabadas, o apuntes para una novela. A algunos nos ha resultado muy gratificador desenterrar estas cosas, quitarles el polvo y volver a probarlas. Si te parece que ya no te sirven, tíralas.

8. *Hacer un curso*. ¿Hace mucho tiempo que tienes deseo de hablar suahili o ruso? ¿Te gusta la historia o las matemáticas? ¿Tienes conocimientos de arqueología o antropología? Hay cursillos que se pueden hacer por correspondencia, programas de instrucción emitidos por la televisión pública, clases para adultos que se reúnen una vez a la semana (por gusto de aprender y no necesariamente por crédito). ¿Por qué no probarlo? Para muchos de nosotros, hacer cursos así no sólo ha añadido una nueva dimensión a nuestras vidas, sino también ha servido de trampolín para una carrera nueva.

Si los estudios llegan a serte fastidiosos, no vaciles en abandonarlos. Tienes derecho a cambiar de opinión y a abandonar cualquier cosa que no te compense el esfuerzo. Abandonar algo que no es bueno para nosotros o no añade nada positivo, placentero ni saludable a nuestras vidas puede requerir mucho valor y tener mucho sentido.

9. *Ofrecerte para prestar algún servicio útil*. Muchos hospitales, agencias de protección a la infancia, iglesias y otras instituciones y organizaciones tienen una apremiante necesidad de voluntarios para ayudarles a realizar todo tipo de actividades. Las posibilidades son muy amplias: desde leer a los ciegos, o llenar sobres para un envío de la iglesia, hasta recoger firmas para una petición política. Infórmate en un hospital, iglesia, agencia gubernamental o club cívico de las necesidades de servicio que haya en tu comunidad. Nos sentimos mucho mejor cuando contribuimos con un servicio, por pequeño que sea, para nuestros prójimos. Incluso el acto de investigar las posibilidades de prestar tales servicios es por sí mismo informativo e interesante.

10. *Hacer algo para mejorar tu apariencia personal*. La mayoría de nosotros no cuidábamos mucho de nuestro aspecto. Un corte de pelo, alguna ropa nueva, nuevos lentes o incluso nuevos dientes pueden producir en nosotros un efecto maravillosamente alentador. Frecuentemente habíamos tenido la intención de hacer algo parecido y los primeros meses de nuestra sobriedad parecían ser una buena ocasión para empezarlo.

11. *Intentar algo frívolo*. No todo lo que hagamos tiene que ser un sincero esfuerzo para mejorarnos aunque todo esfuerzo de este tipo merece la pena y contribuye a aumentar nuestra autoestima. A muchos de nosotros nos parece importante encontrar un equilibrio entre períodos de dedicación a asuntos serios y momentos de pura diversión. ¿Te gustan los globos? ¿Los zoos? ¿La goma

de mascar? ¿Las películas de los Hermanos Marx? ¿La música folklórica? ¿Leer novelas de ciencia ficción o policíacas? ¿Tomar el sol? ¿Las motonieves? Si no, busca algo no alcohólico que te recompensa únicamente con el puro placer de hacerlo y diviértete en sobriedad. Te lo mereces.

*12.*_____

Aquí puedes poner lo que quieras. Esperemos que la lista anterior te ayude a idear una actividad diferente de las sugeridas. ¿Ha sido así? Bien. Hazlo.

Una advertencia. Algunos de nosotros tenemos tendencia a pasarnos de la raya e intentar hacer demasiadas cosas a la vez. Tenemos algo que nos sirve de freno para esto, sobre lo cual te puedes informar en la página 44: El título es: "Tómalo con calma".

7 Usar la Oración de la Serenidad

En miles de salas de A.A., en multitud de idiomas, se ve puesta en la pared la siguiente invocación:

> Dios, concédeme la serenidad para aceptar
> las cosas que no puedo cambiar,
> el valor para cambiar las cosas que puedo
> y la sabiduría para reconocer la diferencia.

No se originó en A.A. Parece que desde hace ya siglos varias religiones la han utilizado en diversas versiones, y hoy día es de uso bastante generalizado dentro y fuera de la Comunidad. Sea cual sea nuestra religión, ya seamos humanistas, agnósticos o ateos, la mayoría de nosotros hemos encontrado en estas palabras una maravillosa guía para lograr, mantener y disfrutar la sobriedad. Ya sea que la consideremos como una auténtica plegaria a Dios o la simple expresión de un ferviente deseo, nos ofrece una receta sencilla para una vida emocional sana.

A la cabeza de nuestra lista de "cosas que no podemos cambiar" hemos puesto nuestro alcoholismo. Ya sabemos que, hagamos lo que hagamos, no vamos a despertarnos mañana transformados en personas no alcohólicas — de la misma manera que no vamos a ser diez años más jóvenes ni doce centímetros más altos.

No podíamos cambiar nuestro alcoholismo. Pero no nos dijimos mansamente, "Bueno, soy alcohólico. Supongo que tendré que beber hasta la muerte". Había algo que sí podíamos cambiar. No teníamos que ser alcohólicos borrachos. Podíamos llegar a ser alcohólicos sobrios. Esto nos exigía un gran valor. Y además tuvimos que experimentar aquel ramalazo de *sabiduría* para poder ver que era posible cambiar, que podríamos hacerlo.

Para nosotros eso no fue sino el primer y más obvio uso de la Oración de la Serenidad. Cuanto más alejados nos encontramos del último trago, tanto más bellas y más repletas de significado nos parecen estas pocas líneas. Podemos aplicarlas a situaciones cotidianas, las mismas de las que solíamos huir para escondernos en la botella.

A modo de ejemplo: "Odio este trabajo. ¿Tengo que seguir haciéndolo o puedo dejarlo?" Entra en juego un poco de sabiduría: "Bueno, si lo dejo ahora puede que las próximas semanas o meses sean difíciles, pero si tengo las suficientes agallas para aguantarlo [el valor para cambiar] creo que acabaré en mejor situación."

O tal vez la respuesta sea: "Seamos realistas: este no es el momento oportuno para buscar un nuevo trabajo; tengo una familia que mantener. Además, aquí estoy con sólo seis semanas sobrio, y mis amigos de A.A. me dicen que es preferible no hacer ningún cambio drástico en mi vida en este momento; mejor concentrarme en no tomar ese primer trago y esperar a tener la cabeza en orden. Bien, ahora mismo no puedo cambiar de trabajo. Pero tal vez pueda cambiar mi propia actitud. Vamos a ver: ¿Cómo puedo aprender a aceptar el trabajo serenamente?"

Al ver la oración por primera vez, la palabra "serenidad" nos pareció una meta imposible de lograr. De hecho, si la serenidad significaba apatía, resignación amarga o resistencia impasible, no la queríamos tener como meta. Pero llegamos a darnos cuenta de que "serenidad" no significaba tal cosa. Cuando la experimentamos ahora es como un simple reconocimiento: una forma lúcida y realista de ver el mundo, acompañada de una fortaleza y una paz interior. La serenidad es como un giroscopio que nos hace posible mantener nuestro equilibrio sean cuales sean las turbulencias que haya a nuestro alrededor. Y éste es un estado de ánimo que merece la pena intentar lograr.

8 Cambiar las antiguas rutinas

Ciertas horas, ciertos lugares familiares y actividades habituales asociadas con beber, han venido entretejiéndose en nuestras vidas. Estas viejas rutinas, así como el cansancio, el hambre, la soledad, la ira y la euforia, pueden ser trampas peligrosas para nuestra sobriedad.

A muchos de nosotros, cuando dejamos de beber, nos resultó útil pararnos a pensar en las costumbres relacionadas con nuestra forma de beber y, cuando era posible, cambiar muchas pequeñas cosas que estaban asociadas con beber.

Para ilustrar: Muchos de nosotros que solíamos empezar el día tomándonos un trago matinal, ahora vamos directamente a la cocina para tomarnos un café. Algunos de nosotros cambiamos el orden de las cosas que hacíamos para prepararnos para el día, por ejemplo, comer antes de bañarnos y vestirnos, o viceversa. Un cambio de marca de pasta de dientes o enjuagadientes (¡atención al porcentaje de alcohol!) nos daba un nuevo sabor fresco con que comenzar el día. Probábamos hacer algunos ejercicios o pasar unos pocos momentos tranquilos de contemplación o meditación antes de empezar la jornada.

Otros muchos de nosotros, al salir de casa por la mañana, íbamos por un nuevo camino que no pasara por nuestro bar favorito. Algunos cambiamos del auto al tren o del subterráneo a la bicicleta o caminábamos en vez de ir en autobús. O íbamos en otro automóvil con otros compañeros de viaje.

Ya fuera que bebiéramos en el bar del tren, en la taberna del barrio, en la cocina, en el club de campo o en el garaje, cada uno de nosotros sabe con bastante exactitud cuál es su lugar de beber favorito. Ya sea que fuéramos periódicamente de borrachera o nos emborracháramos todos los días, a cada uno de nosotros le resulta fácil identificar los días, las horas y las ocasiones que solían estar relacionadas con beber.

Cuando lo que queremos hacer es *no* beber, nos hemos dado cuenta de que es conveniente romper todas aquellas rutinas y reorganizar los elementos. Por ejemplo, las amas de casa dicen que es útil cambiar las horas y los lugares de hacer compras y variar el programa de las tareas domésticas. Los trabajadores que solían escaparse durante el descanso del café para ir a tomar un trago, ahora se quedan y realmente se toman un café o un te con un panecillo. (Y ese es un buen momento para llamar a un conocido que también ha dejado de beber. Durante esas ocasiones en que solíamos beber, es tranquilizador hablar con una persona que ha tenido las mismas experiencias.)

Quienes empezamos nuestra sobriedad mientras estábamos confinados en un hospital o una cárcel nos esforzamos por cambiar de ruta para así evitar tropezarnos con el "contrabandista" de la institución.

Para algunos de nosotros, la hora de almuerzo era normalmente una hora o dos de refrescos líquidos. Cuando dejamos de beber, en vez de ir al restaurante o a la churrasquería donde los camareros o los barman siempre sabían lo que queríamos sin tener que pedirlo, es una buena idea dirigirse a otro lugar para almorzar; y es de especial utilidad comer con otras personas no bebedoras. "Poner a prueba tu fuerza de voluntad" en un asunto relacionado con la salud parece bastante tonto, especialmente cuando no es necesario. Por lo contrario, en cuestiones de salud, tratamos de hacer que nuestras nuevas costumbres sean lo más fáciles posible.

Para muchos de nosotros esto suponía que evitáramos, al menos por un tiempo, la compañía de nuestros amigos bebedores. Si son auténticos amigos nuestros, se alegran de vernos cuidar nuestra salud, y respetan nuestro derecho de hacer lo que queremos hacer, así como nosotros respetamos su derecho de beber si así lo desean. Pero la experiencia nos ha enseñado a desconfiar de cualquiera que insista en animarnos a volver a beber. Parece que aquellos que realmente nos aman, apoyan nuestros esfuerzos para preservar nuestra salud.

A las cinco de la tarde, o a la hora de terminar el trabajo, algunos de nosotros nos hemos acostumbrado a pasar por un café para comer algo. Luego regresamos a casa por un camino que no pasara por nuestros bares predilectos. Si volvíamos en tren del trabajo a casa, no viajábamos en el vagón-bar y bajábamos por una puerta lejos de la taberna del barrio.

Al llegar a casa, en vez de sacar el vaso y el hielo, nos cambiábamos de ropa y nos preparábamos una taza de té o bebíamos un jugo de fruta o vegetal, nos echábamos una siesta, o nos relajábamos un rato en la ducha o con un libro o el periódico. Empezamos a variar nuestra dieta para incluir comida que no tuviera relación con el alcohol. Si nuestra acostumbrada actividad después de comer había sido poner la televisión y tomarnos un trago, nos resultaba conveniente dirigirnos a otra sala para hacer otra actividad. Si solíamos esperar a que la familia se acostara para sacar la botella, intentábamos acostarnos más temprano, o salíamos a dar un paseo o escribíamos o leíamos o jugábamos al ajedrez.

Los viajes de negocios, los fines de semana, los días de fiesta, el campo de golf, los estadios de béisbol y fútbol, los juegos de cartas, la piscina, o la estación de esquí eran ocasiones de beber para muchos de nosotros. Los aficionados a los deportes náuticos solían pasar los días de verano bebiendo a la orilla del lago o de la bahía. Cuando dejamos de beber, descubrimos que merecía la pena planear otro tipo de viajes o vacaciones, al menos durante un tiempo. Intentar evitar tomarte un trago en un barco lleno de bebedores ya sea de cerveza, Tom Collins, sangría, ginebra o ron, es mucho más difícil que simplemente ir a otro sitio y, por mera novedad, hacer nuevas cosas que no nos recuerden el alcohol.

Pongamos el caso de que se nos invite a una fiesta en la que la diversión o actividad principal es beber. ¿Qué hacer? Mientras bebíamos, teníamos bastante facilidad para inventar pretextos, así que simplemente aplicamos ese talento a idear una forma cortés de decir, "No, gracias". (Para las fiestas a las que realmente tenemos que asistir, hemos elaborado nuevas estrategias de seguridad que se explican en la página 65).

En los comienzos de nuestros días de no beber, ¿nos deshicimos de todo el licor que había en nuestra casa? Sí y no.

La mayoría de los que han tenido éxito en dejar de beber está de acuerdo en que al principio es una buena precaución deshacernos de las existencias escondidas que tuviéramos, si las podíamos encontrar. Pero hay variedad de opiniones en cuanto a las botellas que hay en el mueble-bar o en el botellero.

Algunos estamos convencidos de que la disponibilidad de la bebida nunca fue lo que nos condujo a beber, de la misma forma que la *no* disponibilidad de licor en nuestro entorno inmediato nunca nos impidió tomar ese trago que realmente deseábamos. Así que algunos preguntan: ¿Por qué desperdiciar un buen whisky o incluso regalarlo? Se dice que vivimos una sociedad de bebedores y no podemos evitar para siempre la presencia de bebidas alcohólicas.

Nos sugieren que tengamos algunas botellas reservadas en casa para servir a los invitados, y que en otras ocasiones nos olvidemos de ellas. Para ellos, esto ha funcionado.

Otros muchos de entre nosotros recalcamos lo increíblemente fácil que era a veces tomarnos un trago por impulso, casi inconscientemente, antes de querer hacerlo. Si no tenemos alcohol a mano, si para tenerlo es necesario salir de casa y comprarlo, tenemos por lo menos la posibilidad de darnos cuenta de lo que estamos a punto de hacer y de optar por *no* beber. Los no bebedores que son de esta opinión dicen que les parece más cuerdo prevenir que curar. Y por ello regalaron a otros todas sus existencias de licor y no guardaron ninguna bebida alcohólica en casa hasta que les parecía que su sobriedad había llegado a un estado bastante seguro y estable. E incluso ahora sólo compran la cantidad suficiente para satisfacer a los invitados de una tarde.

Te toca a ti optar por este o aquel sistema. *Tú* eres quien sabe cuál era tu forma de beber y cómo te parece a ti tu sobriedad de hoy.

Puede que todos los pequeños cambios de rutina mencionados en esta sección te parezcan risiblemente triviales. No obstante, te podemos decir con toda seguridad que la suma total de todas estas alteraciones de la rutina nos ha dado a muchos de nosotros un fuerte empuje hacia una nueva y vigorosa salud. Tú también puedes contar con un empujón parecido, si así lo quieres.

9 Comer o beber algo, normalmente algo dulce

¿Te puedes imaginar tomarte un trago de whisky y soda justo después de beber un batido de leche malteada? ¿O una cerveza después de comer un trozo de pastel de chocolate?

Si no te sientes demasiado enfermo para seguir leyendo, tendrás que admitir que estas cosas no parece que estuvieran hechas las unas para las otras.

En cierto respecto, esto es de lo que se trata la siguiente parte de nuestra experiencia. Muchos de nosotros nos hemos dado cuenta de que algo dulce, o casi cualquier comida o refrigerio nutritivo, parecen amainar ligeramente el deseo de beber. Así que de vez en cuando nos recordamos, unos a otros, que no debemos estar sin comer hasta tener demasiada hambre.

Puede que sea solamente nuestra imaginación, pero parece que el ansia de tomarnos un trago es más intensa cuando tenemos el estómago vacío. Por lo menos, se nota más.

Este libro se basa en nuestra propia experiencia, no en estudios científicos. De ahí que no podamos explicar con toda precisión, en términos técnicos, por qué es así. Solamente podemos decirte que miles de nosotros —incluso gente que decía que nunca le gustaban los dulces— nos hemos dado cuenta de que beber o comer algo dulce aplaca el deseo de tomarnos un trago.

Por no ser ni médicos ni expertos en alimentación, no podemos recomendarles a todos que siempre tengan chocolates a mano para mordisquearlos cada vez que les entran ganas de beber. Muchos de nosotros lo hacemos, pero otros por motivos de salud tienen que evitar los dulces. No obstante, hay disponible fruta fresca y sustitutos alimenticios de comida y bebidas dulces, así que utilizar un *sabor* dulce es una idea práctica para cualquiera.

Algunos creemos que no es solamente el sabor lo que contribuye a apaciguar el impulso de tomar alcohol. Puede que sea, en parte, el mero hecho de sustituir una serie de acciones físicas por otras: servirte una gaseosa, un vaso de leche o jugo de fruta con algunas galletas, o un helado; y luego, el mismo acto de masticar y tragar.

Claro que muchos alcohólicos al dejar de beber descubren que están mucho más desnutridos de lo que creían. (Y esta condición se encuentra en gente de toda clase económica.) Por esta razón, a muchos de nosotros nuestros médicos nos aconsejan tomar suplementos vitamínicos para tratar las deficiencias asociadas con el alcoholismo, reparar los daños y evitar otras consecuencias. Tal vez algunos de nosotros simplemente necesitemos alimentarnos más de lo que nos damos cuenta, y cualquier buena comida en el estómago nos hace sentirnos mejor psicológicamente. Una hamburguesa, miel, vegetales crudos, nueces tostadas, queso, yogurt, frutas, una pastilla de menta — cualquier cosa que te apetezca y que sea buena para ti puede servir para el caso.

Cuando se les sugiere que coman algo en vez de tomarse un trago, los alcohólicos recién sobrios suelen preocuparse por la posibilidad de engordar. Les podemos decir que esto ocurre muy raras veces. Muchos perdemos algo de peso cuando empezamos a reemplazar las calorías vacías del alcohol etílico con una comida sana; y otros hemos ganado unas cuantas libras necesarias.

Es cierto que algunos, que son adictos a los dulces o a los helados, durante sus primeros meses de sobriedad, van a acumular algún peso en sitios donde menos lo quieren. No obstante, esto parece un pequeño precio que pagar por liberarse del alcoholismo activo. Mejor estar regordete o rellenito que borracho, ¿verdad? No sabemos de nadie que haya sido arrestado por "manejar gordo".

Y, según nuestra experiencia, con un poco de paciencia y buen juicio, el problema del peso excesivo se va arreglando. Si no es así, o si tienes un grave problema de obesidad o de extrema delgadez, sería prudente consultar con un médico o experto en medicina que no sólo sepa tratar problemas de ese tipo sino que también esté familiarizado con el alcoholismo. Nunca hemos visto ningún conflicto entre la experiencia de A.A. y el buen consejo de un médico con sólidos conocimientos del alcoholismo.

Así que la próxima vez que te sientas tentado a tomarte un trago, come algo, o tómate unos sorbitos de un jugo azucarado. Con esto por lo menos tienes el trago aplazado una o dos horas para así dar otro paso hacia la recuperación… tal vez el paso sugerido en la siguiente sección.

10 Hacer uso de la "terapia por teléfono"

Cuando estábamos haciendo nuestros primeros esfuerzos para lograr la sobriedad, muchos de nosotros nos encontramos tomándonos un trago sin haberlo pensado. No habíamos tomado ninguna decisión consciente de beber, y no habíamos considerado las posibles consecuencias. No tuvimos la intención de lanzarnos a un nuevo episodio de borrachera.

Ahora hemos llegado a darnos cuenta de que aplazar el primer trago, reemplazándolo con otra cosa, nos ofrece la oportunidad de *pensar* en nuestra historia de bebedores, pensar en la enfermedad del alcoholismo, y pensar en las probables consecuencias de comenzar a beber.

Afortunadamente, podemos hacer más que pensar en ello, y lo hacemos. Llamamos a alguien por teléfono.

Cuando dejamos de beber, se nos dijo insistentemente que apuntáramos los números de teléfono de los miembros de A.A. y que, en vez de tomarnos un trago, llamáramos a estas personas.

Al comienzo, la idea de llamar por teléfono a una persona recién conocida, a alguien casi desconocido, nos pareció un poco extraño y nos sentíamos poco dispuestos a hacerlo. No obstante, los A.A., aquellos que llevaban más tiempo sin beber que nosotros, seguían insistiendo en que lo hiciéramos. Nos decían que conocían las razones por las que estábamos vacilando en llamar, porque ellos habían tenido las mismas dudas. No obstante, nos decían que lo *intentáramos*, por lo menos una vez.

Así que, por fin, miles y miles de nosotros lo hicimos. Para nuestro gran alivio, ha resultado ser una experiencia agradable y sin problemas. Y lo mejor de todo, nos dio el resultado esperado.

Tal vez la manera más fácil de entenderlo, antes de hacerlo, es la de ponerte mentalmente en el lugar de la persona que recibe la llamada. El hecho de que alguien tenga tanta confianza en ti es algo muy grato y gratificador. Por lo tanto, la persona a quien llamamos es casi invariablemente cortés, incluso muy amable, y no se sorprende en absoluto, de hecho está encantada de recibir la llamada.

Y hay más. Muchos de nosotros hemos descubierto que, cuando sentíamos el deseo de beber, y llamábamos a una persona más experimentada que nosotros en la sobriedad, no era necesario ni mencionar que estábamos pensando en beber. Eso se entendía, sin decir ni una palabra. *Y no importa a qué hora del día o de la noche llamáramos.*

A veces, sin ninguna razón aparente, nos encontrábamos repentina e inexplicablemente asediados por la angustia, el temor, el terror o incluso el pánico, lo cual no tenía ningún sentido. (Esto les pasa a muchos seres humanos, por supuesto, y no sólo a los alcohólicos.)

Cuando hablábamos franca y sinceramente acerca de cómo nos sentíamos, de lo que hacíamos y de lo que queríamos hacer, nos dimos cuenta de que nos entendían perfectamente. No era simplemente compasión. Estábamos perfectamente compenetrados. Ten presente que a todos los que llamábamos en algún que otro momento del pasado se habían encontrado en la misma situación, y todos tenían vívidos recuerdos de la experiencia.

En la mayoría de los casos, con sólo conversar unos pocos minutos, la idea de tomarnos un trago desapareció. A veces, nos comunicaron información concreta y reveladora, a veces nos dieron orientación de forma indirecta y otras veces consejos directos, duros y sinceros. A veces nos encontramos a nosotros mismos riéndonos.

Los que han observado a los alcohólicos recuperados se han dado cuenta de la extensa red de contactos sociales de carácter informal que hay entre los miembros de A.A., incluso cuando no estamos en las reuniones de A.A., y cuando no tenemos el más remoto pensamiento o deseo de tomarnos un trago. Nos hemos dado cuenta de que podemos tener entre nosotros tanta vida social como queramos, y hacer juntos lo que los amigos acostumbran hacer: escuchar música, charlar, ir al teatro y al cine, ir a cenar, ir de acampada o de pesca, hacer turismo, o simplemente ir de visita, personalmente o enviar una nota o conversar por teléfono — todo sin necesidad de tomarse un solo trago.

Tales amigos y conocidos tienen un valor especial para quienes hemos optado por no beber. Podemos ser quienes somos cuando nos encontramos entre personas que comparten nuestro interés en mantener una sobriedad feliz, sin estar fanáticamente en contra de todo lo que se relaciona con la bebida.

Por supuesto que es posible mantenerse sobrio entre personas que no son alcohólicos recuperados, e incluso entre los que beben mucho, aunque probablemente nos sintamos socialmente un poco incómodos en su compañía. Sin embargo, entre otros alcohólicos sobrios, podemos estar seguros de que se valora altamente y se comprende profundamente nuestra recuperación del alcoholismo. Tiene una inmensa importancia para estos amigos, así como su salud la tiene para nosotros.

La transición por la que pasamos a disfrutar la sobriedad a veces empieza cuando, recién sobrios, nos mantenemos en contacto con otras personas que también son nuevas. Al comienzo, suele parecer extraño entablar amistades con personas que llevan varios años sobrias. Normalmente nos sentimos más cómodos con personas que, como nosotros mismos, acaban de dar sus primeros pasos hacia la recuperación. Por esta razón muchos de nosotros hacemos nuestras primeras llamadas telefónicas relacionadas con no beber a nuestros "contemporáneos" de A.A.

"La terapia por teléfono" funciona aun cuando no conocemos a nadie a quien llamar. Ya que el número de teléfono de A.A. aparece en la guía de teléfonos de casi cualquier lugar de los Estados Unidos y Canadá (y en otros muchos países), es fácil simplemente marcar este número para estar instantáneamente en contacto con alguien que realmente nos comprende instintivamente. Puede que se trate de una persona que no hayamos conocido nunca, pero hay la misma auténtica empatía.

Conectarte con alguien por medio del Internet también puede ayudar, puede ser un alcohólico de tu mismo pueblo o tal vez del otro lado del mundo.

Una vez hecho el primer contacto, es mucho más fácil hacer el segundo, especialmente en esas ocasiones en que más lo necesitamos. Finalmente para la mayoría de nosotros la necesidad de hablar para quitarnos el deseo de tomarnos un trago desaparece. Y cuando desaparece, muchos de nosotros descubrimos que hemos establecido la costumbre beneficiosa de mantenernos en contacto con otras personas sobrias fuera de las reuniones; y a menudo mantenemos estos contactos porque los disfrutamos.

Pero eso normalmente viene después. Al principio la terapia de teléfono sirve principalmente para ayudar a mantenernos sobrios. Tomamos el teléfono en vez de tomar un trago. Incluso cuando no creemos que vaya a dar resultados. Incluso cuando no queremos hacerlo.

11 Conseguir un padrino

No todos los miembros de A.A. han tenido un padrino. Pero miles de nosotros decimos que hoy no estaríamos vivos si no fuera por la especial amistad de un alcohólico recuperado durante los primeros meses y años de nuestra sobriedad.

En los primeros días de A.A., la palabra "padrino" no formaba parte del vocabulario de A.A. Entonces, algunos hospitales de Akron, Ohio, y Nueva York empezaron a aceptar como pacientes a los alcohólicos (bajo este diagnóstico) con esta condición: que un miembro sobrio de A.A. aceptara "apadrinar" al hombre o mujer enfermos. El padrino llevaba al paciente al hospital, iba a visitarlo regularmente, estaba presente cuando se le daba de alta, y llevaba al paciente a su casa y luego a una reunión de A.A. En esta reunión, el padrino presentaba al recién llegado a los demás alcohólicos abstemios y felices. Durante los primeros meses de recuperación, el padrino estaba disponible cuando fuera necesario para contestar a las preguntas y escuchar al recién llegado.

El apadrinamiento resultó ser una forma tan eficaz de ayudar a la gente a establecerse en A.A. que se convirtió en una costumbre que se sigue en todo el mundo de A.A., incluso cuando no es necesaria la hospitalización.

A menudo, el padrino es la primera persona que va a visitar a un bebedor problema que desea ayuda, o es el primer alcohólico recuperado que habla con la persona que solicita ayuda si esta persona va a una oficina de A.A., o es el miembro de A.A. que se presta como voluntario para "apadrinar" a un alcohólico que va a ser dado de alta de un centro de desintoxicación o rehabilitación, de un hospital o de una institución correccional.

En las reuniones de A.A., se suele recomendar al recién llegado que consiga un padrino; y, si así lo desea, puede escoger a alguien.

Es una buena idea tener un padrino porque así tienes un guía amistoso durante esos primeros días y semanas en que A.A. puede parecer nuevo y extraño, antes de que creas que te puedes orientar por ti mismo. Además, un padrino puede pasar más tiempo contigo, y dedicarte más atención personal que un atareado consejero profesional. Los padrinos hacen visitas a domicilio, incluso por la noche.

Si tienes un padrino, algunas de las siguientes sugerencias te pueden resultar útiles. Ten presente que están basadas en la experiencia de miles de miembros de A.A. a lo largo de muchos años.

A. Generalmente es mejor que los hombres apadrinen a los hombres y las mujeres a las mujeres. De esta forma se evita la posibilidad de una aventura amorosa que podría complicar peligrosamente, e incluso destruir, la relación entre el padrino y el recién llegado. Hemos descubierto por experiencia que el sexo y el apadrinamiento son una mala mezcla.

B. Nos guste o no nos guste lo que sugiere nuestro padrino (y lo único que pueden hacer los padrinos es sugerir; no pueden obligar a alguien a hacer una cosa, ni tampoco pueden prevenir ninguna acción), la realidad es que el padrino ha estado sobrio más tiempo que nosotros, conoce los peligros que hay que evitar, y es posible que tenga razón.

C. Un padrino de A.A. no es un asistente social ni un consejero profesional de ningún tipo. Un padrino no es una persona que presta dinero, o facilita ropa, trabajo o comida. Un padrino no es un experto en medicina, ni está capacitado para dar consejo religioso, legal, doméstico o psiquiátrico, aunque un buen padrino normalmente está dispuesto a hablar confidencialmente de estos asuntos, y a menudo puede sugerir dónde se puede obtener apropiada ayuda profesional.

Un padrino es simplemente un alcohólico sobrio que puede ayudar a resolver un solo problema: cómo mantenerse sobrio. Y el padrino tiene una sola cosa a su disposición: su experiencia personal, no sabiduría científica.

Los padrinos han pasado por allí, y a menudo tienen por nosotros más interés, esperanza, compasión y confianza que nosotros tenemos en nosotros mismos. Sin duda alguna han tenido mucha más experiencia. Al recordar su propia condición, tienden la mano para ayudarnos, no para humillarnos.

Se ha dicho que los alcohólicos son gente que nunca deben guardarse sus propios secretos, especialmente los que les hacen sentirse culpables. Ser abiertos puede prevenir esto y puede ser un buen antídoto contra cualquier tendencia hacia la excesiva autopreocupación y autoconmiseración. Un buen padrino es alguien en quien podemos confiar, con quien podemos desahogarnos totalmente.

D. Es agradable tener un padrino que, aparte de la sobriedad, comparte nuestros intereses y tiene unas experiencias parecidas a las nuestras. Pero no es necesario que sea así. En muchos casos, el mejor padrino es alguien totalmente distinto a nosotros. Las parejas de padrinos y recién llegados más disparejas son las que a veces tienen los mejores resultados.

E. Los padrinos, al igual que las demás personas, probablemente tienen obligaciones familiares y laborales. Aunque es posible que en algunas ocasiones el padrino abandone su trabajo o su hogar para ayudar a un recién llegado que se encuentra en un verdadero aprieto, hay naturalmente otros momentos en que no está disponible.

Para muchos de nosotros, ésta es una buena oportunidad de utilizar nuestro renacido ingenio para buscar ayuda que sustituya a la de nuestro padrino. Si realmente deseamos ayuda, no dejamos que la enfermedad del padrino, o cualquier otra razón por la que no se encuentre disponible momentáneamente, nos impida encontrarla.

Podemos tratar de encontrar una reunión de A.A. en la vecindad. Podemos leer la literatura de A.A. o algo que hayamos encontrado útil. Podemos llamar por teléfono a otros alcohólicos recuperados que conozcamos, aunque no tengamos amistad con ellos. O podemos llamar por teléfono o visitar la oficina de A.A. o club de A.A. más cercanos.

Aunque la única persona que encontremos para hablar sea alguien a quien no conocíamos previamente, podemos tener la seguridad de encontrar en ella un interés sincero y un verdadero deseo de ayudarnos. Cuando somos realmente sinceros acerca de nuestras aflicciones, podemos contar con una verdadera comprensión. A veces recibimos el ánimo que necesitábamos de parte de alcohólicos recuperados por quienes no tenemos mucho afecto. Aun en el caso de que el sentimiento sea mutuo, cuando alguien trata de mantenerse sobrio y pide a otro alcohólico recuperado ayuda para no beber, todas las diferencias superficiales e insignificantes desaparecen.

F. Algunas personas creen que es una buena idea tener más de un padrino, y así siempre hay al menos uno disponible. Este plan tiene una ventaja adicional, pero también lleva consigo un leve riesgo.

La ventaja es que tres o cuatro padrinos pueden ofrecer una más amplia variedad de experiencias que una sola persona.

El riesgo de tener varios padrinos, en lugar de uno solo, radica en una tendencia que habíamos desarrollado en nuestros días de bebedores. Para protegernos a nosotros mismos y así evitar las críticas respecto a nuestra forma de beber, solíamos contar historias diferentes a personas diferentes. Incluso llegamos a influenciar a la gente, de forma que quienes estaban a nuestro alrededor de hecho disculpaban nuestra manera de beber o incluso nos animaban a hacerlo. Puede que no fuéramos conscientes de esta tendencia, y normalmente no lo hacíamos de mala fe. Pero realmente llegó a ser una parte de nuestra personalidad en nuestros días de bebedores.

Así que algunos de nosotros con un grupo de padrinos nos sorprendimos a nosotros mismos tratando de enfrentar a un padrino con otro, contándole una cosa a uno y otra diferente al otro. Esto no siempre funcionaba porque los padrinos son difíciles de engañar. Se dan cuenta rápidamente de los trucos que emplea alguien que quiere beber, por haber usado ellos mismos casi todas las mismas artimañas. Pero a veces seguimos haciendo lo mismo hasta que logramos que un padrino diga algo totalmente opuesto a lo que otro padrino ha dicho. Tal vez nos las arreglamos para sacar de alguien lo que *queríamos* escuchar, no lo que necesitábamos. O por lo menos, interpretábamos las palabras de este padrino para acomodarlas a nuestros deseos.

Este tipo de conducta parece más un reflejo de nuestra enfermedad que una búsqueda sincera de ayuda para lograr nuestra recuperación. Nosotros, los recién llegados, somos quienes nos vemos más afectados por este comportamiento. Por lo tanto, si tenemos un equipo de padrinos, sería una buena idea permanecer alertas para no vernos tentados a entrar en este tipo de juegos, en lugar de tratar de avanzar hacia nuestra propia meta de recuperación.

G. Los padrinos, por ser ellos mismos alcohólicos recuperados, tienen sus propias virtudes y también sus defectos. Que nosotros sepamos, todavía no ha nacido un padrino (o un ser humano) libre de imperfecciones o debilidades.

Es posible, aunque raro, que nos veamos inducidos a error por el consejo equivocado de un padrino. Como ya sabemos por haberlo hecho nosotros mismos, incluso con las mejores intenciones, los padrinos pueden equivocarse.

Probablemente te puedes imaginar la frase que viene a continuación…. *El comportamiento incorrecto de un padrino no es una excusa válida para tomarse un trago.* La mano que pone la copa en tus labios sigue siendo la tuya.

En lugar de echarle la culpa al padrino, hemos encontrado por lo menos otras 30 maneras de mantenernos alejados de la bebida. Todas estas 30 maneras están explicadas en otras secciones de este libro.

H. No tienes obligación alguna de pagar el favor que te ha hecho tu padrino al ayudarte. Él o ella lo hacen porque al ayudar a otros nos ayudamos a nosotros mismos a mantener nuestra propia sobriedad. Eres libre de aceptar o rehusar la ayuda. Si la aceptas, no tienes deuda que pagar.

Los padrinos son amables, y duros, no para que se les alabe, ni porque les guste "hacer buenas obras". Un buen padrino saca tanto provecho de sus acciones como su ahijado.

Te darás cuenta de esto la primera vez que apadrines a alguien.

Algún día podrás pasar la misma ayuda a otra persona. Ese es el único agradecimiento que tienes que expresar.

I. Al igual que un buen padre, un padrino sabio puede dejar que el principiante se las arregle por sí solo cuando sea necesario; puede dejarle que cometa sus propios errores; le puede ver rechazar los consejos que les da sin sentirse airado ni desdeñado. Un padrino inteligente hace todo lo posible para evitar la vanidad y el sentirse herido en el apadrinamiento.

Y los mejores padrinos están realmente encantados cuando el principiante puede empezar a ser más autónomo. Esto no quiere decir que a partir de entonces tengamos que seguir nosotros solos. Pero llega el momento en que incluso el pájaro joven tiene que utilizar sus propias alas y empezar su propia familia. ¡Feliz vuelo!

12 Descansar lo suficiente

Hay por lo menos tres razones por las que la gente que bebe mucho no suele darse cuenta de lo cansada que está: (1) el alcohol está lleno de calorías que dan energía instantánea; (2) adormece el sistema nervioso central de tal manera que uno no se puede sentir la intensidad total de su malestar corporal; (3) cuando se pasa el efecto anestésico, se produce una agitación que se parece a la energía nerviosa.

Después de dejar de beber, puede persistir durante algún tiempo el efecto agitador y producir nerviosismo e insomnio. O puede que nos demos repentina cuenta de nuestro cansancio y por lo tanto sentirnos agotados y letárgicos. O puede que vayamos alternando entre los dos estados.

Ambas son reacciones normales que miles de nosotros hemos tenido al principio de nuestra sobriedad, en diferentes grados, según fuera nuestra forma de beber y estado general de salud. Las dos se suelen pasar tarde o temprano y no deben ser motivos de preocupación.

Pero es muy importante que descansemos suficientemente cuando dejamos de beber, porque la noción de tomar un trago parece ocurrírsenos más fácilmente cuando estamos cansados.

Muchos de nosotros nos hemos preguntado por qué de repente nos sentimos inexplicablemente con ganas de tomarnos un trago. Al considerarlo, descubrimos una y otra vez que nos sentimos exhaustos sin darnos cuenta. Es muy probable que hayamos utilizado demasiada energía y no hayamos descansado lo suficiente. Normalmente, comer algo ligero o echarse una siesta puede cambiar completamente nuestro estado de ánimo y la idea del trago se desvanece. Incluso si no podemos dormir, simplemente con tumbarnos un rato o pasar unos minutos tranquilos sentados en un sillón o en la bañera, podemos aliviar el cansancio.

Claro que es aun mejor tener un horario de vida saludable en el que haya programado un período suficiente de descanso cada veinticuatro horas.

Aunque esto no nos pasa a todos, miles de nosotros podemos contar historias de períodos de insomnio después de dejar de beber. Evidentemente, el sistema nervioso tarda un tiempo en acostumbrarse (o volver a acostumbrarse) a dormir de forma regular e ininterrumpida sin alcohol en el cuerpo. Puede que lo peor de esto sea la preocupación que nos causa, porque esta preocupación nos hace aun más difícil conciliar el sueño.

El primer consejo que solemos darnos unos a otros sobre este asunto es "No te preocupes, nadie se ha muerto por falta de dormir. Cuando tu cuerpo está suficientemente cansado, te dormirás". Y así sucede.

Ya que el insomnio solía ser el pretexto que muchos de nosotros dábamos para "tener necesidad de un par de tragos", la mayoría de nosotros compartimos la opinión de que una nueva actitud con respecto al insomnio nos sirve de ayuda en nuestros intentos de no beber. En vez de dar vueltas en la cama y preocuparnos por no poder dormir, algunos de nosotros nos rendimos, nos levantamos y nos ponemos a leer o escribir a altas horas de la madrugada.

Mientras tanto, es una buena idea examinar nuestras demás costumbres para ver si de alguna forma estamos creándonos dificultades para dormir. ¿Tomamos demasiada cafeína por la tarde? ¿Tenemos una dieta equilibrada? ¿Hacemos suficiente ejercicio? ¿Funciona apropiadamente nuestro sistema digestivo? Esto puede tardar un tiempo.

De hecho, muchas sencillas y viejas recetas para el insomnio son de ayuda; por ejemplo, beber un vaso de leche caliente, respirar profundamente, darse un baño, leer un libro aburrido, escuchar música suave. Otros prefieren trucos más exóticos. Un alcohólico recuperado recomienda tomarse un vaso de ginger ale caliente con pimienta. (A cada uno, lo suyo.) Otros hacen uso de un masaje especial, yoga o diversos remedios sugeridos en libros que tratan del asunto.

Aun si no nos dormimos, podemos estar tumbados con los ojos cerrados y así descansar. Nadie se duerme dando vueltas por una habitación o bebiendo café y hablando toda la noche.

Si sigues sin poder dormir, puede ser aconsejable consultar con un buen médico que entiende bien el alcoholismo.

Por saber lo peligrosos que son los medicamentos para dormir, algunos de nosotros hemos tenido que soportar ciertas ligeras molestias durante un poco tiempo o hasta que nuestros cuerpos se llegaron a adaptar a una saludable rutina de dormir. Una vez superada la pasajera inquietud, al adaptarnos a un ritmo natural de dormir, nos damos clara cuenta de que valía la pena hacerlo.

Puede ser útil mencionar otro hecho curioso acerca de dormir cuando dejamos de beber. Largo tiempo después de haber dejado la botella, muchos de nosotros nos despertamos una mañana o una noche totalmente asombrados al darnos cuenta que acabamos de tener un sueño muy vívido acerca de beber.

No todos tenemos estos sueños. Pero bastantes los hemos tenido para saber que son comunes y no nos hacen ningún daño.

A.A. no es un programa que sirva para interpretar los sueños, así que no podemos descifrar los significados escondidos que pudieran tener estos sueños, como lo hacen los sicoanalistas y otros que se dedican a interpretar los sueños. Sólo podemos decir que es posible tener tales sueños, así que no te sorprendas. Entre los sueños más frecuentes está el de encontrarte borracho, y sentirte horrorizado por ello, sin tener ningún recuerdo de haberte tomado un trago. Incluso es posible que nos despertemos con escalofríos, temblores y otros clásicos síntomas de resaca — a pesar de haber pasado meses sin tomarnos ni una gota de alcohol. Sólo era un mal sueño. Y puede pasarnos cuando menos lo esperamos, mucho tiempo después de tomar nuestro último trago.

Probablemente es una buena cosa que nos encontremos alterados y desconsolados por la idea de haber bebido, incluso soñando. Tal vez esto quiere decir que realmente hemos empezado a captar, en nuestro fuero interno, el concepto de que beber no es bueno para nosotros. Es mejor la sobriedad, incluso soñar con la sobriedad.

Lo mejor del sueño sobrio, una vez que se logra, es el puro placer de despertar, sin resaca ni preocupaciones sobre lo que pudiera haber pasado durante la laguna mental de la noche pasada. En vez de esto, nos despertamos para enfrentarnos al nuevo día descansados, esperanzados y agradecidos.

13 Lo primero primero

Este viejo refrán tiene para nosotros un significado profundo y especial. En términos sencillos nos dice: Sobre todo, tenemos que tener presente que no podemos beber alcohol. Para nosotros lo que tiene la más alta prioridad es no beber nunca, en ningún lugar y bajo ninguna circunstancia.

Esto para nosotros es cuestión de vida o muerte. Hemos llegado a saber que el alcoholismo es una enfermedad que mata, que conduce por múltiples vías a la muerte. Preferimos no echarnos un trago porque así no corremos el riesgo de activar esta enfermedad.

El tratamiento de nuestra enfermedad, según las palabras de la Asociación Médica Norteamericana, "consiste principalmente en no beber alcohol". Nuestra experiencia sirve para reforzar esta receta terapéutica.

Esto significa que, en todos nuestros asuntos diarios, debemos tomar las medidas necesarias para *no* beber, por inconvenientes que puedan ser.

Algunos nos han preguntado: "¿Quiere decir esto que ustedes anteponen la sobriedad a la familia, el trabajo, y la opinión de los amigos?"

Al considerar el alcoholismo como lo que es, un asunto de vida o muerte, la respuesta es simple. Si no preservamos nuestra salud, nuestra vida, con toda seguridad no tendremos familia, ni trabajo, ni amigos. Si valoramos nuestras familias, nuestros trabajos y nuestros amigos, debemos *primero* preservar nuestras propias vidas para poder disfrutarlos.

"Lo primero primero" también tiene otros muchos significados, que pueden ayudarnos grandemente en nuestro combate contra nuestro problema con la bebida. Por ejemplo, muchos de nosotros nos hemos dado cuenta de que, al dejar de beber, parecía que tardábamos en llegar a tomar decisiones más de lo que nos hubiera gustado. Nos resultaba muy difícil decidir; oscilábamos continuamente entre el sí y el no.

Ahora bien, la indecisión no es cosa exclusiva de los alcohólicos en recuperación; pero tal vez a nosotros nos fastidiaba más que a otros. El ama de casa recién sobria, al considerar sus muchos quehaceres, no podía decidir por dónde empezar. El hombre de negocios no podía decidir entre devolver esas llamadas telefónicas o dictar aquellas cartas. En muchos aspectos de nuestras vidas, queríamos ponernos al día en todas las tareas y deberes que habíamos descuidado. Obviamente no podíamos hacerlos todos a la vez.

Así que el dicho "Lo primero primero" nos sirvió de ayuda. Si nos veíamos enfrentados con una decisión que tenía que ver con beber o no beber, esa decisión tenía una merecida prioridad. Nos dimos cuenta de que, si no manteníamos nuestra sobriedad, la limpieza, las llamadas y las cartas se quedarían sin hacer.

Luego utilizamos la misma máxima para organizar nuestro recién encontrado tiempo sobrio. Tratábamos de planificar las actividades del día poniendo nuestras tareas en orden de importancia y sin nunca hacer un horario muy apretado. Y teníamos siempre en mente otra "prioridad", nuestra salud general, porque sabíamos que estar muy cansados o saltarnos las comidas podría ser peligroso.

En nuestra época de alcoholismo activo, muchos de nosotros llevábamos vidas muy desorganizadas y la confusión nos hacía sentir alterados e incluso desesperados. Hemos descubierto que nos resulta más fácil aprender a no beber si imponemos algún orden en nuestra vida cotidiana, teniendo siempre en cuenta la necesidad de ser realistas y mantener flexibilidad en nuestros planes. El ritmo de nuestra rutina particular tiene un efecto tranquilizador; y un principio idóneo para ayudarnos a crear cierto orden en nuestras vidas es, como se supondría: "Lo primero primero".

14 Protegerse de la soledad

Se ha descrito al alcoholismo como "la enfermedad solitaria" y muy pocos alcohólicos recuperados disputarían esta descripción. Al reflexionar sobre los últimos meses de nuestras vidas de bebedores, centenares de miles* de nosotros nos acordamos de habernos sentido aislados aun cuando nos encontrábamos entre una multitud de gente festiva. Solíamos tener una sensación de no pertenecer, aun cuando nos comportábamos de una forma alegremente sociable.

Muchos de nosotros hemos dicho que al principio bebíamos para "ser parte del grupo". Muchos creíamos que teníamos que beber para "encajar" y sentirnos integrados en la raza humana.

Es un hecho patente que el uso principal que hacíamos del alcohol era egocéntrico; es decir, lo vertíamos en nuestros propios cuerpos por el efecto que nos producía dentro de nosotros mismos. A veces ese efecto nos ayudaba a comportarnos socialmente de forma apropiada por un corto tiempo, o servía para aliviar temporalmente nuestra soledad.

Pero al pasarse el efecto, nos sentíamos aún más solos, más aislados, más "diferentes", y tristes que nunca.

---

* Se calcula que actualmente hay más de dos millones de miembros de A.A. en el mundo.

Si nos sentíamos culpables o avergonzados, ya fuera por nuestra embriaguez en sí, o por lo que pudiéramos haber hecho mientras estábamos borrachos, esos sentimientos exacerbaban la sensación de estar marginados. A veces, abrigábamos una sospecha secreta, e incluso una creencia, de que nos merecíamos el ostracismo, a causa de las cosas que hacíamos. "Tal vez", pensamos, "soy un auténtico marginado".

(Tal vez, al acordarte de.tu última penosa resaca o grave borrachera, este sentimiento te sea familiar.)

El camino solitario por el que teníamos que andar nos parecía lúgubre, sombrío y sin fin. Nos resultaba demasiado doloroso hablar de ello y para evitar pensar en ello, pronto volvimos a beber.

Aunque algunos éramos bebedores solitarios, difícilmente se podría decir que carecíamos completamente de compañía durante nuestros días de bebedores. Teníamos siempre gente a nuestro alrededor. Los veíamos, los escuchábamos, los tocábamos. Pero la mayoría de nuestros diálogos más importantes eran totalmente interiores, con nosotros mismos. Estábamos seguros de que nadie nos entendería. Además, considerando la opinión que teníamos de nosotros mismos, no estábamos seguros de *querer* que alguien nos entendiera.

Entonces, no es de extrañar que la primera vez que escuchamos a los alcohólicos recuperados en A.A. hablar libre y francamente acerca de sí mismos, nos quedáramos atónitos. Las historias de sus escapadas de borrachera, de sus temores secretos y su soledad, son para nosotros una repentina iluminación.

Descubrimos, a pesar de no poder creerlo al principio, que *no estamos solos*. A fin de cuentas, *no* somos completamente diferentes de *todo el mundo*.

La frágil cáscara protectora de egocentrismo temeroso en la que hemos morado tanto tiempo se fisura por el efecto de la sinceridad de otros alcohólicos recuperados. Sentimos, casi antes de poder expresarlo, que hay un lugar para nosotros, y la soledad pronto empieza a desaparecer.

La palabra *alivio* no describe con suficiente fuerza nuestra sensación inicial. Está mezclada con asombro y una especie de terror. ¿Es real? ¿Durará?

Los que llevamos algunos años sobrios en A.A. podemos asegurar a cualquier recién llegado a una reunión de A.A. que *es* real, muy real. Y sí durará. No es otro falso comienzo, de los que la mayoría de nosotros ya hemos experimentado demasiadas veces. No es otro estallido de alegría al que pronto seguirá una dolorosa desilusión.

A medida que va aumentando la cantidad de gente que lleva décadas sobria en A.A., vemos delante de nuestros propios ojos cada vez más evidencia de que podemos lograr una recuperación genuina y duradera de la soledad del alcoholismo.

No obstante, superar nuestras sospechas acostumbradas y otros mecanismos de defensa profundamente arraigados y de largos años de duración difícilmente se puede lograr de la noche a la mañana. Hemos llegado a estar plenamente condicionados a sentirnos y actuar como si nadie nos comprendiera y nos amara, ya fuera cierto o no. Estamos acostumbrados a comportarnos como personas solitarias. Así que, después de dejar de beber, puede que algunos necesitemos un poco de tiempo y de práctica para salir de nuestra acostumbrada soledad. Aunque empezamos a creer que ya no estamos solos, a veces actuamos y nos sentimos de la antigua manera.

Tenemos poca experiencia en buscar amistades o incluso en aceptar amistad cuando se nos ofrece. No estamos muy seguros de cómo hacerlo o de cuáles serán los resultados de nuestros intentos. Y esa superpesada carga de temores acumulada durante años puede impedir nuestro progreso. Por ello, cuando empezamos a sentirnos solos, ya sea que estemos físicamente solos o no, las viejas costumbres y el bálsamo de la bebida pueden ser más tentadores.

Y a veces algunos de nosotros incluso nos vemos tentados a rendirnos y volver a los viejos sufrimientos. Por lo menos éstos nos son familiares y no tendríamos que trabajar mucho para recuperar la pericia que tuvimos en la vida de bebedores.

Al contar su historia ante un grupo de A.A., un compañero dijo una vez que el ser un borracho desde sus años adolescentes hasta los cuarenta era un trabajo de plena dedicación y por eso se había perdido la mayoría de las experiencias por las que pasan los muchachos norteamericanos al ir haciéndose hombres.

Así que allí se encontraba sobrio a sus cuarentitantos años. Sabía cómo beber y pelear pero nunca había aprendido ningún oficio ni se había preparado para ninguna profesión, y no sabía comportarse en sociedad. "Era terrible", dijo. "Ni siquiera sabía cómo pedir una cita a una muchacha ni qué hacer al salir con ella. Y descubrí que no hay clases sobre estos temas para solteros de cuarenta años que nunca aprendieron a hacerlo".

Las risas que se oían esa noche en la sala de reunión de A.A. eran muy sonoras y cariñosas. Había muchos allí que se identificaron con él, que habían pasado por el mismo tipo de inquietud. Al sentirnos tan ineptos a la edad de cuarenta (o incluso a los veinte en estos días), puede que nos creyéramos ser casos perdidos, o grotescos, si no fuera por las muchas salas llenas de gente de A.A. comprensiva que ha conocido los mismos temores y ahora nos pueden ayudar a ver la gracia del asunto. Y podemos sonreír mientras volvemos a intentarlo hasta saber hacerlo bien. Ya no tenemos que sentirnos secretamente avergonzados y rendirnos; no tenemos que reanudar nuestros desesperados esfuerzos para buscar la confianza que necesitábamos para nuestro trato social en la botella, sólo para encontrar allí la soledad.

Esto es solamente un ejemplo extremo de lo torpes que nos sentíamos algunos de nosotros al embarcarnos en nuestro viaje a la sobriedad. Sirve para ilustrar lo peligrosamente perdidos que podríamos estar si intentáramos hacerlo solos. Tendríamos tal vez una posibilidad entre millones de lograrlo a solas.

Pero ahora nos damos cuenta de que no tenemos que hacerlo a solas. Es mucho más sensato y seguro hacerlo en compañía de todos los que siguen felizmente el mismo rumbo. Y nadie tiene que sentirse avergonzado por aceptar ayuda ya que todos nos ayudamos unos a otros.

No es una cobardía aceptar ayuda para recuperarse de un problema con la bebida, como no lo es utilizar una muleta si tienes una pierna rota. Una muleta puede ser algo maravilloso para quienes la necesitan y para quienes ven su utilidad.

¿Tiene algo de heroico una persona ciega que anda a tientas y a tropiezos sólo porque rehúsa utilizar una ayuda fácil de obtener? Los riesgos imprudentes, aun cuando no sean necesarios, a veces se alaban inmerecidamente. Pero se debe valorar y admirar más la ayuda mutua, ya que siempre da mejores resultados.

Nuestra propia experiencia de mantenernos sobrios confirma en la gran mayoría de los casos lo sabio que es utilizar la buena ayuda que haya disponible para recuperarse de un problema con la bebida. A pesar de nuestra gran necesidad y deseo, ninguno de nosotros ha logrado recuperarse del alcoholismo a solas, sin contar con la ayuda de otros. Si pudiéramos haberlo hecho así, no habríamos tenido que recurrir a A.A. o a un siquiatra u otra persona para obtener ayuda.

Ya que nadie puede vivir completamente solo, ya que todos dependemos hasta cierto grado de nuestros prójimos, por lo menos para algunos bienes y servicios, nos ha parecido sensato aceptar y trabajar dentro de esa realidad particular en nuestro importantísimo intento de superar nuestro alcoholismo activo.

La idea de tomarnos un trago parece que entra furtivamente en nuestras mentes con más astucia y facilidad cuando estamos solos. Y cuando nos sentimos solos y nos entran las ganas de beber, éstas parecen tener mayor fuerza y urgencia.

Es menos probable que tengamos ideas y deseos de esta índole cuando estamos con otra gente, especialmente con otras personas no bebedoras. Y si los tenemos, parecen ser menos potentes y más fáciles de dejar a un lado cuando estamos en contacto con nuestros compañeros de A.A.

No nos olvidamos de la necesidad que casi todos tenemos ocasionalmente de pasar algún tiempo solos, para poner en orden nuestras ideas, hacer un inventario, terminar algún trabajo, solucionar un problema personal, o simplemente escapar de las tensiones de la vida diaria. Pero nos hemos dado cuenta de lo peligroso que es ser demasiado indulgentes con nosotros mismos, especialmente cuando nos sentimos malhumorados o autocompasivos. Casi cualquier compañía es mejor que la amarga soledad.

Claro que, incluso en una reunión de A.A., es posible tener deseo de beber, al igual que una persona puede sentirse sola en medio de una multitud. Pero es menos probable tomarse un trago cuando estamos en compañía con otros miembros de A.A. que cuando estamos solos en nuestro cuarto o en un rincón escondido de un bar tranquilo y desierto.

Cuando no tenemos nadie con quien hablar más que nosotros mismos la conversación tiende a dar vueltas alrededor de lo mismo. Vamos excluyendo cada vez más los comentarios pertinentes de otras personas. Intentar convencerte a ti mismo de no tomarte un trago se parece mucho a tratar de hipnotizarte a ti mismo. Suele ser tan eficaz como intentar persuadir a una yegua de no parir cuando le llega la hora.

Por estas razones, cuando sugerimos evitar el cansancio y el hambre solemos agregar un peligro más: "No te dejes sentir demasiado cansado, demasiado hambriento o demasiado solo".

Guárdate de estos peligros.

Si se te ocurre la idea de tomarte un trago, párate a pensarlo. Es bastante probable que te encuentres en una de estas condiciones de alto riesgo.

Apresúrate a hablar con alguien, pronto. Así por lo menos empiezas a aliviar la soledad.

15 Vigilar la ira y los resentimientos

Ya hemos tratado de la ira en este libro, pero algunas duras experiencias nos han convencido de que es tan importante que merece la atención especial de cualquier persona que quiera superar su problema con la bebida.

La hostilidad, el resentimiento, la ira, cualquier palabra que se utilice para describirlo, este sentimiento parece estar íntimamente relacionado con la embriaguez y tal vez aun más profundamente relacionado con el alcoholismo.

Por ejemplo, algunos científicos preguntaron en un estudio a un gran número de hombres alcohólicos por qué se emborrachaban y descubrieron que una respuesta frecuente era "Para poder regañar a alguien". En otras palabras, cuando estaban borrachos tenían la fuerza y libertad para expresar la ira que no podían manifestar cuando estaban sobrios.

Se ha sugerido la posibilidad de que haya una relación bioquímica, sutil e indeterminada, entre el alcohol y los cambios fisiológicos producidos por la ira. Los resultados de un estudio experimental de personas alcohólicas sugieren que los resentimientos pueden crear en la sangre de los alcohólicos cierta condición incómoda que desaparece con una borrachera. Un eminente sicólogo ha sugerido recientemente la posibilidad de que a los bebedores les guste la sensación de poder y dominio sobre otras personas que el alcohol puede producir.

Hay datos que indican una estrecha correlación entre el uso del alcohol y los asaltos y homicidios. En algunos países, parece que una gran proporción de estos crímenes suceden cuando la víctima o el autor del crimen (o ambos) están bajo los efectos del alcohol. Las violaciones, las riñas domésticas que conducen al divorcio, el abuso de niños y el robo a mano armada, con gran frecuencia se atribuyen al consumo excesivo del alcohol.

Incluso aquellos de entre nosotros que no han tenido ninguna experiencia de este tipo de comportamiento fácilmente pueden imaginar la rabia feroz que puede llevar a algunas personas a pensar en actuar con tal violencia cuando están lo suficientemente borrachos. Por lo tanto nos damos cuenta del posible peligro de la ira.

Parece haber poca duda de que este estado ocurre de forma natural en los seres humanos de vez en cuando. Igual que el miedo, puede que tenga cierto valor para la supervivencia de todos los miembros de la especie llamada *homo sapiens*. La ira ante tales conceptos abstractos como la pobreza, el hambre, la enfermedad y la injusticia sin duda ha conducido a mejoras en varias culturas.

No obstante, no se puede negar que los asaltos físicos e incluso los ataques verbales son de deplorar y perjudican a la sociedad en general, así como a los individuos. Por lo tanto, muchas religiones y filosofías nos exhortan a librarnos de la ira para poder llevar una vida más feliz.

Hay mucha gente que está convencida de que reprimir la ira es muy malo para la salud emocional, y que debemos ventilar nuestra hostilidad de alguna manera, si no, nos envenenaría por dentro al volverse en contra nuestra, llevándonos así hacia una profunda depresión.

La ira en todos sus aspectos es un problema humano universal. Pero a los alcohólicos les presenta un peligro particular: Nuestra propia ira nos puede matar. Los alcohólicos recuperados están casi unánimemente de acuerdo en que la hostilidad, los rencores y los resentimientos muy a menudo nos producen el deseo de beber, por lo tanto tenemos que estar alertas y guardarnos de tales sentimientos. Hemos encontrado métodos mucho más satisfactorios que el beber para enfrentarnos a estos sentimientos.

Volveremos a estos métodos más tarde. Primero consideremos algunas de las diversas formas y aspectos que la ira parece tomar:

intolerancia	esnobismo	tensión	desconfianza
desdén	rigidez	sarcasmo	ansiedad
envidia	cinismo	autocompasión	recelo
odio	descontento	malicia	celos

Varios miembros de A.A., después de lograr su sobriedad, han descubierto el origen de todos estos sentimientos en una ira oculta. En nuestros días de bebedores, dedicábamos muy poco tiempo a reflexionar razonablemente sobre tales cosas. Era más probable que nos amargáramos pensando en ellas o que reaccionáramos de forma muy exagerada, especialmente después de intensificar los sentimientos con un par de tragos.

Tal vez debemos añadir la palabra "temor" a esta lista, dado que muchos de nosotros creemos que la ira suele ser un brote del temor. No siempre sabemos a qué tememos; a veces sentimos un vago temor, indefinido y anónimo. Y esto puede producir en nosotros una ira igualmente indefinida que puede repentinamente enfocarse en alguien o algo en particular.

La frustración también puede engendrar la ira. Los bebedores problema no tienen fama de ser muy tolerantes al sentirse frustrados, ya sea que los impedimentos fueran reales o imaginarios. La bebida solía ser nuestro disolvente predilecto para estas emociones indigeribles.

Tal vez lo más difícil de manejar es el resentimiento "justificable". Es el producto final de la ira "justificada", cultivada cariñosamente durante mucho tiempo. Si le permitimos seguir desarrollándose poco a poco, acabará minando nuestras defensas contra tomarnos un trago.

Aun si se nos ha tratado de manera fea o injusta, el resentimiento es un lujo que nosotros, como alcohólicos, no nos podemos permitir. Para nosotros todo resentimiento es autodestructivo, porque puede causar que volvamos a beber.

(El tema de cómo se aprende a hacer frente a los resentimientos se trata más detalladamente en los libros *Alcohólicos Anónimos* y *Doce Pasos y Doce Tradiciones*.)

No podemos pretender ser expertos en sicología, así que tenemos que concentrarnos primero, no en buscar las causas de los sentimientos molestos de la ira, sino en saber sobrellevarlos, ya sea que los consideremos justificados o no. Nos enfocamos en encontrar formas de evitar que tales sentimientos nos engañen para tomarnos un trago.

Es interesante comentar que algunos de los métodos para evitar tomarnos un trago que ya hemos mencionado sirven espléndidamente para superar la molestia interna que sufrimos cuando nos sentimos airados. Por ejemplo, cuando estamos a punto de estallar de ira, a veces es útil tomar un bocado de algo que nos guste, o una bebida no alcohólica.

También es extraordinariamente eficaz, al sentirnos enojados, llamar por teléfono a nuestro padrino o a otro alcohólico recuperado para hablar del asunto. Y vale la pena hacer una pausa y considerar la posibilidad de que tal vez estemos demasiado cansados. Si es así, la experiencia nos ha enseñado que tomarse un descanso suele disipar la rabia.

Repetidas veces el simple pensar en el dicho "Vive y deja vivir" ha servido para enfriar el mal genio.

O podemos pasar rápidamente a hacer una actividad que no tiene nada que ver con la causa de nuestra ira: hacer ejercicios enérgicos o escuchar nuestra música favorita para calmar la ira.

Para muchos de nosotros, meditar sobre las ideas de la Oración de la Serenidad sirve para disolver nuestra hostilidad. A menudo, lo que nos fastidia es algo que de ninguna manera podemos controlar ni cambiar (por ejemplo, los atascos de tráfico, el mal tiempo, las largas colas en el supermercado), así que la cosa sensata y responsable es simplemente aceptarlo en lugar de enfurecerse en vano, o recurrir al alcohol.

Claro que a veces nos sentimos resentidos por una circunstancia en nuestras vidas que se puede y se debe cambiar, Tal vez *debemos* dejar nuestro trabajo y conseguir uno mejor, o divorciarnos, o trasladar la familia a otro vecindario. De ser así, la decisión se debe tomar cuidadosamente y no apresurada ni airadamente. Por lo tanto, primero debemos calmarnos. Luego tal vez podremos pensarlo de manera tranquila y constructiva y determinar si nuestro resentimiento se debe a algo que podemos cambiar. Para asegurarte de esto, ver la sección que trata de la Oración de la Serenidad, página 18.

A veces no es el resentimiento de larga duración con lo que tenemos que contender, sino con una rabia repentina y devoradora. El plan de 24 horas (página

5) y "Lo primero primero" (página 32) nos han ayudado a muchos de nosotros a superar esa rabia, aunque no veíamos cómo nos podrían ayudar hasta que de hecho los probamos, y tuvimos sorprendentemente buenos resultados.

Otro remedio eficaz para la ira es el concepto de "actuar como si". Es cuestión de determinar cómo, en el caso ideal, una persona adulta y verdaderamente bien equilibrada se enfrentaría con un resentimiento parecido al nuestro y luego actuar *como si fuéramos* esa persona. Pruébalo unas cuantas veces. Da resultados.

Y también nos da resultados a muchos de nosotros la orientación profesional de un buen consejero, por ejemplo un siquiatra u otro médico, o un clérigo.

También podemos encontrar una válvula de escape en alguna actividad física. Hacer los ejercicios ya mencionados, respirar profundamente, darse un baño caliente, o (en privado) golpear una silla o un cojín y gritar, han servido para aliviar la ira a muchas personas.

Suele ser poco aconsejable reprimir o disimular la ira. En lugar de esto, tratamos de aprender a no actuar bajo la influencia de la ira, sino a actuar para eliminarla. De no hacer esto, aumentamos enormemente la probabilidad de tomarnos un trago.

Por ser personas comunes y corrientes que sólo conocemos nuestra propia experiencia, los alcohólicos recuperados no tenemos conocimientos ni teorías científicas respecto a estos asuntos. Pero muy pocos de los que hayan sufrido una resaca se pueden olvidar de lo irrazonablemente irritables que nos hace sentir. A veces, lo descargamos en nuestra familia, en nuestros compañeros de trabajo, amigos o desconocidos que sin duda alguna no se merecían nuestro desagrado. Puede que esta tendencia se quede con nosotros algún tiempo después de lograr nuestra sobriedad, como el humo que flota en un bar cerrado, recuerdo de nuestros días de bebedores, hasta que hagamos una buena limpieza mental.

16 Ser bueno contigo mismo

Cuando un ser querido o un amigo íntimo nuestro se está recuperando de una grave enfermedad, solemos darle lo que las buenas enfermeras llaman cuidados cariñosos. Solemos mimar a los niños enfermos, darles sus comidas favoritas y proporcionarles diversiones para ayudarles en su recuperación.

El período de convalecencia de la enfermedad del alcoholismo es bastante largo y cualquiera que la esté pasando se merece atenciones y cuidados cariñosos.

En el pasado, la gente creía que los que estaban recuperándose de ciertas aflicciones se merecían el sufrimiento, ya que se creía que ellos, de manera deliberada y egoísta, se habían causado a sí mismos la enfermedad.

Debido a la culpa y al estigma erróneamente asociados al alcoholismo por personas que desconocen la naturaleza de la enfermedad (incluyendo a nosotros mismos hasta que estuvimos mejor informados), muchos de nosotros no éramos muy indulgentes con nosotros mismos mientras estábamos sufriendo una resaca. Simplemente la sufríamos diciéndonos que era una simple cuestión de pagar las consecuencias, como castigo necesario por nuestras fechorías.

Ahora que nos damos cuenta de que el alcoholismo no es una forma de conducta inmoral, nos resulta esencial cambiar nuestras actitudes. Hemos llegado a saber que una de las personas menos propensas a tratar al alcohólico como una persona enferma es, sorprendentemente, el mismo alcohólico. De nuevo vuelven a surgir nuestros viejos hábitos de pensar.

Se dice a menudo que los bebedores problema son perfeccionistas, impacientes ante cualquier defecto, especialmente los nuestros. Nos creamos objetivos imposibles de lograr y sin embargo luchamos ferozmente por alcanzar estos ideales inalcanzables.

Luego, ya que nadie podría mantenerse a la altura del estándar que solemos exigir, acabamos fracasando como ha de fracasar cualquiera que tenga objetivos irreales. Y nos entran la depresión y el desaliento. No castigamos airadamente por no ser super perfectos.

Precisamente en este momento podemos empezar a ser buenos, o por lo menos justos, con nosotros mismos. No exigiríamos a un niño o a una persona con impedimentos físicos que hicieran más de lo que es razonable. Nos parece que tampoco tenemos por qué esperar tales milagros de nosotros mismos, alcohólicos en recuperación.

Impacientes de estar totalmente recuperados para el martes, nos encontramos todavía convalecientes el miércoles, y empezamos a echarnos la culpa a nosotros mismos. Este es el momento oportuno para hacer una pausa y examinarnos tan imparcial y objetivamente como podamos. ¿Qué haríamos si un ser querido o un amigo enfermo se desanimara por lo lento de su recuperación y dejara de tomarse sus medicinas?

Es útil tener presente que beber en exceso causa graves daños a nuestro organismo, y produce secuelas que podemos tardar meses e incluso años en superar. Nadie se convierte en alcohólico en unas pocas semanas (bueno, *casi* nadie). Tampoco debemos esperar recuperarnos mágicamente en un instante.

Al sentirnos desalentados, debemos alentarnos. Más de una persona ha encontrado beneficioso darse una palmada en la espalda, para felicitarse los progresos ya hechos, sin sentirnos muy satisfechos con nosotros mismos ni, por supuesto, peligrosamente egoístas.

Hagamos un balance. ¿Hemos evitado tomarnos un trago las pasadas 24 horas? Esto merece sinceras felicitaciones. ¿Hemos procurado comer apropiadamente hoy? ¿Hemos tratado de cumplir nuestras obligaciones hoy? En resumidas palabras, ¿hemos hecho todo lo que podíamos hacer de la mejor forma posible hoy? Si es así, no sería justo esperar más.

Tal vez no podámos responder afirmativamente a todas estas preguntas. Tal vez nos quedamos un poco cortos, tal vez hemos reincidido en viejas formas de pensar o actuar, a pesar de los progresos que hemos hecho. ¿Qué más da? No somos perfectos. Debemos contentarnos con los pequeños adelantos y no lamentar nuestra falta de perfección.

¿Qué podemos hacer en este mismo momento para alegrarnos? Podemos hacer algo *diferente de* tomarnos un trago. En cada sección de este libro se encuentran sugerencias al respecto.

Pero tal vez hay más. ¿Estamos disfrutando la vida? O ¿hemos venido preocupándonos tanto por mejorar, tan obsesionados con nuestro desarrollo personal, que no hemos disfrutado la puesta del sol? ¿Un claro de luna? ¿Una suculenta comida? ¿Un descanso libre de preocupaciones? ¿Un buen chiste? ¿Un poco de cariño?

Ya que el cuerpo tiende a normalizarse, tal vez el tuyo agradecerá cualquier oportunidad de tomar el descanso que necesita. Disfruta de una placentera siesta o de largas noches de sueño apacible. O tal vez tienes energía de sobra que puedes utilizar para simples diversiones y entretenimientos. Al igual que los demás aspectos de la vida, estas cosas parecen ser necesarias para desarrollar plenamente nuestro potencial humano.

Ahora es el momento de hacerlo, no hay otro. Si no somos indulgentes con nosotros ahora mismo, no tenemos motivo para esperar que otros nos traten con respeto y consideración.

Nos hemos dado cuenta de que sobrios podemos disfrutar todas las cosas buenas que disfrutábamos cuando bebíamos, y otras muchas más. Hay que practicar un poco, pero las satisfacciones compensan con creces los esfuerzos. Hacerlo no es egoísta, sino autoprotector. Si no valoramos nuestra propia recuperación, es imposible llegar a ser personas generosas, honradas y socialmente responsables.

17 Guardarse de la euforia exagerada

Muchos bebedores (ya sean alcohólicos o no) pasan de un estado de incomodidad interna a otro de disfrute por el simple hecho de tomarse un trago. Este método de transformar el dolor en placer se ha descrito como "beber para escapar".

Pero miles y miles de nosotros sabemos que muy a menudo ya nos sentíamos alegres al comenzar a beber. De hecho, al repasar cuidadosamente nuestras historias de bebedores, muchos de nosotros vemos claramente que solíamos beber para intensificar el júbilo que ya sentíamos.

En esta experiencia se basa nuestra próxima sugerencia: Ten especial cuidado en las ocasiones festivas o simplemente cuando te sientes extraordinariamente bien.

Cuando van las cosas muy bien, tan bien que casi sientes una euforia no alcohólica, ¡ten cuidado! En tales ocasiones (aun después de varios años de sobriedad) la idea de tomarse un trago puede parecer muy natural, y se van borrando los recuerdos angustiosos de nuestros días de bebedores. La noción de tomarse un solo trago empieza a parecer menos amenazadora, y empezamos a creer que no sería mortal y ni siquiera dañina.

Y es cierto, *uno solo* no lo sería, para el bebedor normal. Pero nuestra experiencia de tener problemas con la bebida nos enseña lo que un solo y supuestamente inocuo trago fatídico nos haría a nosotros, bebedores *poco* normales. Tarde o temprano, nos convencería de que uno más tampoco nos perjudicaría. Y luego ¿qué tal unos cuantos más....?

Beber en ocasiones festivas o conmemorativas nos parece especialmente tentador a algunos de nosotros por tener un motivo válido para sentirnos eufóricos entre familiares o amigos joviales que pueden beber sin problemas. El hecho de que ellos están bebiendo parece ejercer una presión social en nosotros para intentar hacer lo mismo.

Tal vez es así porque hace tanto tiempo que el echarse un trago de etanol (alcohol etílico) está íntimamente asociado en nuestra cultura con la diversión y los buenos ratos (y también algunas ocasiones tristes). Las asociaciones mentales que tenemos formadas puede que persistan hasta mucho después de saber que no *tenemos que* beber.

Ahora sabemos que hay multitud de formas en que podemos defendernos de esta presión social para beber, según se describen en la página 67. En breve, tengamos presente que no hay ninguna situación que nos "dispense" de nuestro alcoholismo, la enfermedad que se activa en cuanto empezamos a ingerir alcohol en cualquier momento por cualquier motivo o ningún motivo.

Para algunos de nosotros, el impulso de tomarnos un trago para celebrar cuando nos sentimos especialmente bien es aun más insidioso cuando no hay ocasión que celebrar y ninguna presión social particular para beber. Puede ocurrir en el momento más inesperado y puede que nunca entendamos la causa.

Ahora hemos aprendido a no dejarnos llevar por el pánico cuando se nos ocurre la idea de tomarnos un trago. Después de todo es una idea bastante natural en estos tiempos modernos, y especialmente fácil de entender para quienes hemos tenido amplia experiencia en este arte.

Pero la *idea* de tomarse un trago no es necesariamente lo mismo que el *deseo* de tomarlo, y ninguna de estas dos cosas debe sumergirnos en la depresión o el temor. Ambas se pueden considerar simplemente como señales de alarma que nos advierten de los peligros del alcoholismo. Los peligros son para siempre, incluso cuando nos sentimos tan bien que nos preguntamos cómo es posible que cualquier persona pueda tener motivo para sentirse tan bien como nosotros nos sentimos ahora.

18 "Tómalo con calma"

¿Acabas de terminar en este mismo minuto la lectura de la sección anterior y ahora estás apresurándote a leer ésta? ¿Por qué? Puede que te convenga poner en práctica el refrán "tómalo con calma".

Por ser alcohólicos, éramos propensos a beber más rápidamente que las demás personas. Y rara vez dejamos las últimas gotas en nuestro vaso o los últimos sorbos en la botella.

A muchos de nosotros nos hace mucha gracia nuestra aparente incapacidad de dejar a medias nuestra taza de café o nuestro vaso de soda. A veces nos encontramos bebiendo de un golpe el último trago de una bebida no alcohólica, como si....

Tal vez la mayoría de los lectores ya hayan caído en la cuenta: No siempre nos resulta fácil dejar sin terminar la página, el capítulo o el libro que estamos leyendo. Parece haber casi una compulsión de seguir hasta el final, en lugar de leer un par de páginas o de capítulos al día y dejar el resto para otra sesión. No queremos decir que esta tendencia siempre sea mala. Para superar una obsesión destructiva tal como la de beber, tiene sentido reemplazarla con otra obsesión benigna, tal como la de intentar saber más y más acerca del problema de la bebida y buscar más ayuda para solucionarlo.

Así que sigue leyendo si te apetece. Es más sano y saludable que beber.

Pero al llegar al final de esta sección, tal vez te será conveniente hacer un experimento. Cierra este libro, ponlo a un lado y repasa el día. Para ver cuándo o cuántas veces podrías haber aminorado el paso, cuántas veces podrías haberte tomado las cosas con más calma, si solo lo hubieras pensado.

El refrán "tómalo con calma" lo usamos los A.A. para recordarnos, unos a otros, que muchos de nosotros a veces tenemos propensión a exagerar o exigir demasiado, a pasar precipitadamente de un lado a otro a toda carrera, e impacientarnos con cualquiera que nos impida la marcha. Nos resulta difícil descansar, relajarnos y disfrutar de la vida.

Si un compañero nuestro se pone muy ansioso e inquieto para hacer algo o llegar a algún lugar con toda rapidez, tal vez un amigo le puede sugerir suavemente: "'Tómalo con calma'. ¿Recuerdas?" Con esto a menudo el aconsejado se mostrará brevemente enfadado. Lo cual indica que el consejo tiene que haber dado en el blanco, ¿verdad?

Ya sabemos que la impaciencia no es del dominio exclusivo de los alcohólicos. Según se va acelerando el ritmo del cambio en nuestra civilización, cada vez más personas tienen la impresión de que siempre andan escasas de tiempo y se sienten obligadas a apresurarse para ponerse al nivel… ¿de quién? ¿de qué?

Es bien evidente a todos que tales presiones no empujan a la mayoría de los bebedores a convertirse en alcohólicos. Nuestro problema sólo se produce en una proporción muy pequeña de bebedores. Pero quienes lo tenemos a menudo vemos que tenemos en común esta necesidad de aprender a relajarnos, a andar a paso moderado, a disfrutar de los pequeños avances y sencillos placeres que encontramos: en resumidas palabras, aprender a recrearnos en el viaje en vez de andar incesantemente preocupados hasta llegar a nuestro destino. El horizonte está siempre allí. A veces vale la pena pararnos a mirarlo, por el simple placer que nos da el panorama.

Algunos de nosotros nos damos cuenta repetidas veces de haber tratado de abarcar mucho más de lo que podemos. Insistimos en comprometernos a hacer más de lo que cualquier persona podría razonablemente hacer.

Es probable que ciertos pacientes que se han recuperado de problemas cardiacos nos puedan enseñar mucho al respecto. Muchos logran ser vigorosamente activos y productivos de una manera moderada que les permite evitar sentirse agobiados por el trabajo, hacer innecesarios esfuerzos y estar frenéticamente esclavizados por el tiempo.

Algunos de nosotros elaboramos agendas que contribuyen a que nuestros objetivos se queden dentro del marco de lo posible. Por ejemplo, hacemos una lista de cosas que hacer hoy, y luego deliberadamente tachamos la mitad o más de la lista. Otro día, otra lista.

O nos ponemos resueltamente a hacer nuestros planes con bastante antelación y nos resolvemos igualmente a olvidarlos hasta que llegue la hora de hacerlos.

Para otros de nosotros las listas y horarios pueden convertirse en tiranos que nos empujan a llevarlo todo a cabo sin importar el tiempo y la energía que nos cueste. Por lo tanto, hacemos una promesa solemne de pasar un tiempo sin hacer listas. Ahora que no nos sentimos presionados por esa dictadura, podemos aprender a avanzar a un paso espontáneo y moderado.

A muchos de nosotros, el sentarnos solos tranquilamente, unos quince o veinte minutos antes de lanzarnos a nuestras actividades cotidianas, nos ayuda grandemente a empezar el día con la mente serena y bien ordenada. Algunos hacemos uso de técnicas específicas, como por ejemplo, la oración y la meditación que nos han resultado muy apropiadas para este propósito. Y varias veces durante un día bien ajetreado, nos las arreglamos para tomar un corto descanso y quedarnos sentados, tranquilos, con los ojos cerrados, unos cinco minutos, para luego volver a trabajar con nuevas fuerzas.

A otros nos resulta mas fácil aminorar el paso si contamos con la ayuda de otra persona. Puede que no seamos capaces de generar nuestra propia tranquilidad, pero podemos sentarnos tranquilamente para escuchar las palabras de un amigo que haya alcanzado cierto grado de serenidad. Prestarle toda la atención a otra persona contribuye a reestablecer nuestro equilibrio y nos ofrece una nueva perspectiva sobre nuestras propias vidas, para poder apreciar que no tenemos que participar en la febril competitividad.

Otras sesiones de tranquilidad en compañía de otros, sesiones más formales e institucionalizadas (como por ejemplo los servicios religiosos, los retiros espirituales y similares) son especialmente eficaces y gratificadoras para algunas personas.

O puede que simplemente decidamos empezar el día antes de la hora acostumbrada para así poder hacer las cosas sin tanta prisa. Si nos ponemos a pensarlo un rato, tal vez podemos hacernos horarios personales menos apretados, o más flexibles y, por lo tanto, menos pesados y agotadores.

Si de vez en cuando nos encontramos muy tensos e incluso frenéticos, podemos hacernos la pregunta "¿Soy de hecho tan indispensable?" o "¿Es esto realmente necesario?" ¡Qué gran alivio para nosotros descubrir que con frecuencia la respuesta es negativa! Y al fin y al cabo, tales estrategias no sólo sirven para ayudarnos a superar nuestro problema con la bebida y los antiguos hábitos; también nos ayudan a ser mucho más productivos, porque conservamos y canalizamos nuestras energías más eficazmente. Ordenamos nuestras prioridades más sensatamente. Llegamos a darnos cuenta de que, si volvemos a examinarlas, podemos eliminar muchas actividades que antes considerábamos vitales. Una buena pregunta es: "¿Cuánta importancia tiene esto realmente?"

Claro que las palabras "tómalo con calma" no nos confieren el derecho de prorrogarlo todo para mañana ni de llegar tarde a citas que concertamos. Hay cosas que *no* debemos dejar para mañana (y mañana y mañana), por ejemplo, dejar de beber. Pero hay otras cosas que es mejor atrasarlas más de veinticuatro horas, para ponernos a hacerlas cuando estemos mejor preparados.

En una ocasión, una mujer alcohólica muy enferma y agitada llamó por teléfono a una oficina de A.A. y dijo que tenía necesidad urgente e inmediata de ayuda. Se le preguntó si podía esperar veinte o treinta minutos hasta que alguien llegara a donde estaba ella.

"¡Oh, no!", dijo la mujer, "mi médico me dijo que necesitaba ayuda inmediatamente. No hay un minuto que perder."

Y luego ella añadió, "¡Y esto me lo dijo anteayer!"

Un caso tan grave nos llega al alma. Bien sabemos cómo es sentirse así. La ayuda le llegó a la mujer trastornada antes de pasar una hora, y hoy en día ella cuenta la historia para ilustrar cómo era. Es casi increíble al verle ahora, lo serena y llena de energía que está, lo calmada y despierta.

Si te parece deseable, es posible conocer la paz, la paciencia y la satisfacción en lo más profundo de tu corazón.

Recuerda de vez en cuando que tal vez el ritmo ideal para hoy es "tómalo con calma". Es posible empezar a cambiar en este mismo momento.

19 Estar agradecido

Una compañera de A.A. recuerda que, incluso en los peores días de su carrera de bebedora, nunca perdió su fe. "Tenía una creencia firme e inquebrantable en el desastre", explica. "Cada mañana, casi mi primer pensamiento despejado era: 'Ay, Dios mío, ¿qué nuevas calamidades me van a acontecer hoy?'"

Cuando alguien llamaba a la puerta, ella estaba segura de que era por alguna razón desagradable. Estaba convencida de que el correo le iba a traer solamente facturas y otras malas noticias. Y si sonaba el teléfono, ella suspiraba anticipando una historia triste.

Tal enorme desgaste de energía en especulaciones negativas nos resulta muy familiar a muchos de nosotros; recordamos el lúgubre estado de ánimo que caracterizaba la fase activa de nuestro alcoholismo. Parte de esto sin duda alguna se puede atribuir a los efectos farmacológicos del alcohol, que es un depresivo. Cuando llegamos a quitar de nuestro organismo las últimas moléculas de alcohol, vemos desaparecer gran parte de la depresión.

Pero la costumbre de pensar de forma tan neuróticamente deprimida puede que se quede con nosotros hasta que aprendemos a identificarla y erradicarla cuidadosamente.

No estamos recomendando un optimismo ingenuo. No queremos pretender que las dificultades no tengan ninguna importancia, ni negamos que todos tenemos que superar grandes obstáculos de vez en cuando. La pena realmente duele, así como los demás sufrimientos.

No obstante, ahora que estamos liberados del alcohol, tenemos mucho más control de nuestros pensamientos. Tenemos una más amplia variedad de pensamientos en una mente que ya no está tan borrosa. Los pensamientos que optamos por contemplar en cualquier período de veinticuatro horas pueden tener una gran influencia en nuestro estado de ánimo en ese día: alegre y sano o sombrío y desalentado.

Ya que en el pasado nuestra forma de pensar y la mayoría de nuestros pensamientos tenían una relación tan íntima e intrincada con nuestra forma de beber, nos ha sido de gran utilidad analizar nuestros hábitos de pensar y buscar otras formas mejores de hacer uso de nuestra mente.

Los siguientes ejemplos puede que no correspondan exactamente a tu caso, e incluso si las palabras son nuevas, tal vez en las emociones que despiertan en ti acabarás reconociendo cierta resonancia familiar. Algunos se han exagerado intencionadamente a fin de poner bien en claro su significado. Otros pueden parecer triviales a primera vista. Muchos de nosotros nos hemos dado cuenta de que los cambios pequeños y fáciles de hacer son un buen punto de partida para una recuperación sólida y duradera.

Cuando una niña pequeña se cae y se da un golpe en la cabeza y empieza a llorar, es bastante fácil determinar si está gravemente herida o simplemente asustada. Entonces tenemos dos posibilidades: podemos ponernos a gritar histéricamente porque la niña se lastimó o se asustó y seguir insistiendo en lo que podría haber pasado; o podemos quedarnos tranquilos y consolarla, agradecidos de que no le ha pasado nada grave.

Cuando nuestro abuelo de 90 años de edad muere después de una larga y dolorosa enfermedad tenemos igualmente dos posibilidades: podemos obstinarnos en protestar furiosamente ante la sorpresa, o ahogarnos en la culpa; y tal vez beber en ambos casos. O podemos, además de estar tristes, recordar que vivió una vida larga, y a menudo buena y feliz; que hicimos lo que pudimos para tratarlo bien y asegurarle de nuestro constante cariño; y que ahora se han terminado sus sufrimientos y dolores. Es poco probable que a él le gustara que nosotros utilizáramos su fallecimiento como una excusa para emborracharnos y poner en peligro nuestra salud.

Cuando por fin visitamos un sitio con el que hemos soñado mucho tiempo, podemos concentrarnos en las incomodidades de nuestro alojamiento y el mal tiempo, perdernos en la nostalgia por los buenos días de antaño, o lamentar el hecho que sólo tenemos unos pocos días o semanas de vacaciones. O podemos sentirnos agradecidos de que finalmente hemos llegado allí y seguir ampliando la lista de deleites que podemos encontrar si los buscamos.

Podemos vigilar la tendencia a responder "Sí, pero…" a cualquier declaración optimista, elogiosa o positiva. Puede que al ver la buena suerte de un amigo o su aspecto juvenil o la publicidad que da una celebridad para una organización benéfica nos sintamos tentados a decir amargamente, "Sí, pero…". Pero… ¿le sirve a alguien de ayuda esta forma de pensar, incluyendo a nosotros mismos? ¿No podemos dejar que una cosa sea simplemente buena? ¿No podemos simplemente alegrarnos por su existencia en lugar de tratar de menospreciarla?

Quienes intentan dejar de fumar se dan cuenta de tener varias posibilidades: quejarse continuamente por lo difícil que es; buscar un programa para dejar de fumar; hablar con un médico acerca de los tipos de tratamiento que pueda haber disponibles; o simplemente hacer una pausa para disfrutar de respirar profundamente el aire puro y sentirse contento de que haya pasado una hora sin fumar o, incluso, cuando inconscientemente encendemos un cigarrillo, felicitarnos por apagarlo sin apurarlo hasta el final.

Si nos toca un premio de $500 en una lotería en la que el primer premio es de $50,000, no es difícil determinar la forma sensata de comportarse. No es la de amargarse por haber perdido el premio grande.

Tenemos multitud de oportunidades parecidas de elegir prudentemente y nuestra experiencia nos convence de que sentirnos agradecidos es mucho más saludable y nos hace más fácil mantenernos sobrios. Puede ser una grata sorpresa descubrir que no es difícil cultivar el hábito de la gratitud si sólo hacemos un esfuerzo.

Muchos de nosotros éramos reacios a intentarlo. Pero tenemos que admitir que los resultados hablan por sí mismos. Al comienzo puede que nos moleste mordernos la lengua para no hacer un comentario cínico. Puede que tengamos que tragar dos veces antes de poder hacer una observación ligeramente positiva, del tipo que solíamos llamar empalagosa en nuestros días de bebedores. Pero pronto nos resulta más fácil hacerlo y puede llegar a ser una fuerza robusta y familiar para nuestra recuperación. La vida es para disfrutar y queremos disfrutarla.

Al repasar los recuerdos de nuestras historias de bebedores, algunos nos percatamos de otra manifestación del negativismo. Pero muchos de nosotros también hemos podido cambiar este comportamiento, y el cambio de nuestra conducta ha venido acompañado de mejoras de nuestra actitud y nuestros sentimientos.

Por alguna razón, pasábamos mucho tiempo pensando o comentando sobre lo equivocados que persistentemente estaban *otras* personas. (El que estuvieran o no estuvieran equivocados no tiene nada que ver con el grato cambio en nuestros sentimientos hoy.) Para algunos el cambio empieza con la buena disposición para aceptar a título de prueba la hipótesis de que la otra persona tal vez pueda tener razón. Antes de precipitarnos a juzgar, dejamos a un lado nuestras críticas, escuchamos atentamente y esperamos el resultado.

Puede que esto demuestre que nosotros estamos equivocados. Esto no es lo importante ahora. Sea cual sea el resultado, nos hemos liberado temporalmente de nuestra imperiosa necesidad de siempre llevar la razón o estar por encima de los demás. Hemos descubierto que decir sinceramente "no lo sé" puede ser rejuvenecedor. Decir "estoy equivocado, tú tienes la razón" es vigorizante cuando nos sentimos lo suficientemente cómodos con nosotros mismos como para que no nos moleste la posibilidad de estar equivocados. Nos sentimos relajados y agradecidos de poder estar abiertos a nuevas ideas. Los científicos más sabios siempre están alertas por la aparición de nueva evidencia que pueda demostrar que sus propias teorías están equivocadas, para así poder desechar ideas falsas y aproximarse cada vez más a la verdad que están buscando.

Cuando logramos una amplitud de mente similar, nos damos cuenta de que nuestro negativismo habitual empieza a desaparecer. Tal vez el siguiente ejemplo servirá para aclarar la relación entre el deseo de siempre tener razón (el negativismo de considerar equivocado a casi todo el mundo) y la libertad de estar equivocados nosotros mismos: para captar y aprovechar nuevas ideas y otro tipo de ayuda para mantenernos sobrios.

Cuando bebíamos, la mayoría de nosotros estábamos firmemente convencidos de que la bebida no nos iba a causar ningún daño. No es que nos portáramos como unos sabelotodos, pero cuando oíamos a un clérigo o un siquiatra o un miembro de A.A. hablar sobre el alcoholismo, no tardábamos en comentar que *nuestra* forma de beber era diferente, que *nosotros* no necesitábamos hacer ninguna de las cosas que esta gente sugería. E incluso si podíamos admitir que teníamos algunos problemas con la bebida, estábamos seguros de poder resolverlos nosotros mismos. De esa manera, cerramos la puerta a cualquier información y ayuda nuevas. Y detrás de esta puerta, por supuesto, seguíamos bebiendo.

Teníamos que habernos encontrado ya en muy graves apuros y haber empezado a sentirnos bastante desesperados antes de poder abrirnos un poco y dejar entrar un rayo de luz nueva y la posibilidad de ayuda.

Para miles de nosotros, uno de los recuerdos que más claramente demuestran la sabiduría de "estar agradecido" es lo que originalmente pensamos y dijimos acerca de Alcohólicos Anónimos cuando nos enteramos de su existencia:

"Está bien para ellos, pero yo no estoy en tan mal estado, así que no es para mí".

"Me he encontrado con algunos antiguos miembros de A.A. borrachos en un bar. Por lo que dicen, ya sé que tampoco funcionaría para mí".

"Conocí a un tipo que se unió a Alcohólicos Anónimos. Se convirtió en un abstemio rígido, fanático, intolerante y aburrido".

"No me apetece todo este rollo de Dios y de ir a reuniones. Y nunca me ha gustado unirme a grupos".

Ahora la sinceridad nos obliga a admitir que pasamos más tiempo concentrados en esas opiniones negativas y reforzando nuestros propios motivos para beber, que el que dedicamos a considerar Alcohólicos Anónimos con una mente abierta. Difícilmente se podía calificar de científica a nuestra investigación. Por el contrario, era superficial y pesimista: una búsqueda de cosas que no nos gustaban.

No hablábamos con muchos de los miembros sobrios, ni leíamos detenidamente la cantidad de literatura que hay acerca de A.A. escrita por los miembros. Si no nos gustaban algunas cosas o personas que encontramos en A.A. al principio, nos íbamos. Ya lo habíamos probado, ¿verdad? (¿Recuerdas lo del hombre que dijo que no le gustaba leer? Ya había leído un libro y no le gustó.).

Ahora está bien claro que podríamos habernos comportado de manera diferente. Podríamos haber dedicado algún tiempo a buscar lo que nos gustaba de A.A., sugerencias que podríamos seguir, opiniones e ideas que compartiéramos. Podríamos habernos sentido agradecidos de que A.A. da la bienvenida a los visitantes ocasionales, y de que no se nos exigiera comprometernos irreflexivamente. Podríamos habernos sentido agradecidos de que en A.A. no hay honorarios ni cuotas y no se exige adherencia a ninguna doctrina, norma o ritual. Si no nos gustaban algunos miembros locuaces, podría habernos gustado que tantos otros se quedaban callados o decían cosas más de nuestro gusto. Podríamos haber seguido intentando descubrir por qué tantos eminentes profesionales han dado su apoyo repetidas veces a lo largo de los años. A.A. tiene que estar acertado en algo.

La experiencia nos ha enseñado que mantenerse sobrio puede reducirse a una elección de este tipo. Podemos pasar horas buscando razones para desear o necesitar o intentar tomarnos un trago. O podemos pasar el mismo tiempo apuntando las razones por las que la bebida no es buena para nosotros y por qué la abstinencia es más saludable, y haciendo una lista de cosas que podemos hacer en lugar de beber.

Todos nosotros tomamos una decisión parecida, cada uno a su manera. Nos alegramos de que cualquier persona tome una decisión similar a la nuestra. Sin embargo, le ofrecemos nuestros mejores deseos a cualquiera que está intentando mantenerse sobrio de una u otra manera, ya sea que esté interesado o no en A.A. Seguimos estando agradecidos de que somos libres de hacerlo de la manera que aquí se describe.

20 Recordar tu última borrachera

Fíjate en que no hemos dicho tu último trago sino tu última borrachera.

Ya hace siglos que el término "un trago" viene despertando en millones de personas recuerdos y esperanzas placenteras.

Según la edad que tuviéramos al tomar nuestro primer trago y las circunstancias de nuestras primeras experiencias con el alcohol, todos tenemos recuerdos y esperanzas (o ansiedades) avivadas por la idea de una cerveza fría, un gin tónic, una copa de vino, una piña colada, una margarita, o lo que sea.

Repetidas veces, al principio, nuestras esperanzas se satisfacían plenamente con el trago que tomábamos. Y si seguía produciendo resultados parecidos con suficiente frecuencia, naturalmente llegamos a considerar "un trago" como una ocasión agradable, ya sea que sirviera para satisfacer nuestra necesidad de conformar con una costumbre religiosa, o para quitarnos la sed, o para hacer más alegre una función social, o para relajarnos o estimularnos o para darnos cualquier satisfacción que buscáramos.

Por ejemplo, a un finlandés de cincuenta y cinco años de edad, al oír a alguien mencionar "un trago", no le resulta difícil recordar la agradable sensación de bienestar que le producía un trago de vodka o aguardiente en un día frío de su juventud.

Una mujer joven puede que visualice una copa elegante de cristal llena de champán, un ambiente sofisticado, un nuevo traje de fiesta, un nuevo amante. Y otra mujer puede que recuerde un trago que se tomó de la botella escondida en una bolsa que estaba compartiendo con el joven barbudo, vestido de jeans, que la acompañaba, al son de la banda de rock, mientras las luces brillaban a través de las nubes de dulce humo y todos gritaban extasiados.

Un compañero de A.A. dice que al oír la palabra "un trago" casi podía saborear una pizza con cerveza. Una viuda de setenta y ocho años de edad, inevitablemente recuerda los ponches con jerez que empezaron a gustarle en la casa de reposo a la hora de dormir.

Aunque son perfectamente naturales, para nosotros tales imágenes son ahora engañosas. De esas diversas maneras algunos de nosotros *empezamos* a beber, y si eso hubiera sido toda la verdad de nuestra historia de bebedores, es poco probable que hubiéramos llegado a tener grandes problemas con la bebida.

Pero un examen minucioso y sin temor de toda nuestra trayectoria de bebedores nos demuestra claramente que en los últimos años o meses, la bebida nunca producía aquellos momentos ideales y mágicos, por muy frecuentemente que intentáramos crearlos.

Por el contrario, una y otra vez nos encontrábamos bebiendo más y más y acabábamos metiéndonos en dificultades. A veces estos apuros no eran sino un simple descontento interno o una furtiva sospecha de haber estado bebiendo en exceso, pero en otras ocasiones se convertían en peleas matrimoniales, problemas en el trabajo, accidentes y graves enfermedades o preocupaciones económicas o legales.

Por lo tanto, cuando se nos ocurre la posibilidad de tomarnos un trago, nos ponemos a recordar toda la serie de consecuencias encadenadas que tenía su origen en "un solo trago". La seguimos en nuestra memoria etapa por etapa hasta nuestra última terrible borrachera y resaca.

Un amigo que nos invita a un trago suele tener en mente tomarse un par de copas. Pero si tenemos cuidado de recordar todo el sufrimiento de nuestro último episodio de beber, no nos veremos engañados por nuestro antiguo concepto de "un solo trago". La escueta verdad fisiológica para nosotros, hoy día, es que, con casi toda seguridad, un trago, tarde o temprano, va a significar una borrachera que para nosotros será un desastre.

El beber ya no significa *para nosotros* música y risa y flirteo. Significa enfermedad y tristeza.

Un miembro de A.A. lo expresa así: "Ya sé que pasar por el bar para tomarme un trago jamás podrá significar *para mí* matar unos cuantos minutos y dejar un dólar para el barman. Este trago me costaría ahora el saldo de mi cuenta bancaria, mi familia, nuestra casa, nuestro auto, mi trabajo, mi cordura y, probablemente, mi vida. Es un riesgo demasiado grande".

Él no está recordando su primer trago, sino su última borrachera.

21 Evitar las drogas y los medicamentos peligrosos*

El uso por parte de los seres humanos de substancias químicas, con el fin de modificar el estado de ánimo y los sentimientos, viene desde muy antiguo y está muy extendido. El alcohol etílico fue probablemente la primera de esas substancias químicas usadas para ese fin, y tal vez sea la más popular.

Algunas drogas tienen propiedades medicinales reconocidas y son beneficiosas cuando son recetadas por médicos competentes, y se toman de acuerdo a las indicaciones, y se dejan de usar cuando no se necesitan.

Nosotros, como miembros de A.A., no tenemos la competencia para recomendar ningún tipo de medicamento. Ni tampoco estamos capacitados para recomendar a alguien que se abstenga de tomar medicamentos.

---

* Ver apéndice: extracto del folleto aprobado por la Conferencia "El miembro de A.A. — los medicamentos y otras drogas".

Lo único que podemos hacer de manera responsable es compartir nuestra experiencia personal.

Para muchos de nosotros el alcohol se convirtió en una especie de medicamento. Muchas veces bebíamos para sentirnos mejor y menos enfermos.

Y miles de entre nosotros también usábamos otras sustancias para "sentirnos mejor". Descubrimos los estimulantes que parecían contrarrestar los efectos de la resaca o sacarnos de nuestra depresión (hasta que también dejaron de surtir efecto), sedativos y tranquilizantes que podían usarse para substituir al alcohol y calmar nuestros nervios, analgésicos y otros medicamentos con receta o sin receta (muchos de los cuales se consideran no adictivos o que "no crean hábito") que nos ayudaban a dormir, o nos daban más energía, o nos quitaban el dolor o las inhibiciones, o nos hacían flotar en un delicioso estado de bienestar.

Es probable que este imperioso deseo, casi una necesidad, de tomar estas substancias sicotrópicas (que alteran el estado de la mente) esté profundamente arraigado en cualquiera que sea un fuerte bebedor.

Hemos visto repetidas veces que nosotros fácilmente podemos habituarnos a drogas y depender de ellas aun si técnicamente, o en términos farmacéuticos, no son adictivas. Algunos de entre nosotros creemos tener "personalidades adictivas" y nuestra experiencia viene a confirmar esta noción.

Así que nos esforzamos por evitar todas las drogas de las que se suele abusar, tales como la marihuana, "meth", barbitúricos, "crack", cocaína, oxycotone, Vicodin, ácido, tranquilizantes, "ecstasy", heroína, "poppers", e incluso muchos de los medicamentos o suplementos herbarios que se venden sin receta.

Incluso para aquellos de nosotros que nunca llegamos a tener adicción a ninguna de esas drogas, está claro que representan un verdadero peligro porque lo hemos visto demostrado una y otra vez. A menudo las drogas hacen resurgir el deseo intenso por la "magia oral", o por algún tipo de éxtasis, o por la paz interior. Y si nos las arreglamos para tomarlas sin problemas una o dos veces, suele parecer mucho más fácil tomarse un trago.

La Comunidad de Alcohólicos Anónimos no es un grupo de presión antidroga o antimarihuana. Como comunidad, no tenemos ninguna posición moral o legal a favor o en contra de la hierba o de ninguna otra substancia. (No obstante, cada miembro de A.A. tienen el derecho a su propia opinión sobre estos asuntos o a actuar de la forma que le parezca apropiada.)

La posición de los miembros de A.A. en lo que se refiere a las drogas es algo parecida a la que tienen (o tal vez más exactamente no tienen) respecto al alcohol. Como comunidad no somos una liga antialcohol ni nos oponemos a su consumo por parte de millones de personas que pueden beber sin causar perjuicio a ellos mismos ni a otros.

Algunos de entre nosotros que hemos estado sobrios un buen período de tiempo estamos bien dispuestos a servir bebidas alcohólicas a los invitados que vienen a nuestros hogares. Tienen todo el derecho a beber o no beber. Igualmente, nosotros tenemos el derecho a no beber, o a beber si decidimos hacerlo, y no tenemos ningún problema con lo que haga otra gente. Hemos llegado a la conclusión de que, para nosotros, beber no es bueno y hemos encontrado formas de vivir sin alcohol mucho más preferibles que las de nuestros días de borracheras.

Muchos alcohólicos recuperados se han dado cuenta de que su organismo ha llegado a ser permanentemente tolerante de medicamentos contra el dolor, de tal forma que necesitan tomar una dosis más fuerte de analgésicos o anestésicos cuando éstos se requieren por motivos médicos.

Algunos miembros hemos tenido reacciones adversas a los anestésicos locales (tales como Novocaína) que inyectan los dentistas. Al menos, salimos del sillón del dentista en un estado de nerviosismo extremo que puede durar bastante tiempo hasta que podemos tumbarnos un rato y calmarnos hasta que se nos pase el efecto. (En estas ocasiones, suele ser tranquilizador estar en compañía de otro alcohólico recuperado.)

Otros alcohólicos recuperados dicen que no tienen esas reacciones adversas. Nadie sabe cómo predecir en qué ocasiones pueden ocurrir tales reacciones. De todas formas, es una buena idea decir a nuestro médico, dentista y anestesista toda la verdad acerca de nuestra antigua costumbre de beber (o de tomar pastillas, si así fuera), de la misma forma que nos aseguramos de decirles otros hechos relacionados con nuestro historial médico.

Las dos historias que aparecen a continuación son típicas experiencias de los miembros de A.A. con las drogas psicotrópicas (que afectan al cerebro) diferentes del alcohol.

Un miembro, sobrio casi treinta años, tuvo un día el deseo de probar por primera vez marihuana, algo que hasta entonces nunca había hecho. Y así lo hizo. Le gustaron los efectos y durante varios meses pudo usarla en ocasiones sociales sin ningún problema, al menos así le parecía a él. Entonces alguien dijo que con un trago de vino los efectos eran aún mejores, y él también probó eso sin pensar en su historia de alcoholismo. Después de todo sólo se estaba tomando un traguito de un vino suave.

En menos de un mes, estaba bebiendo tanto como antes y se dio cuenta de que había vuelto a la esclavitud del alcoholismo agudo.

Podríamos citar centenares de historias parecidas con algunas pequeñas modificaciones. Es un placer informar de que este individuo volvió a lograr la sobriedad, y también dejó la hierba, y ahora lleva dos años libre del alcohol y de la marihuana. Ha vuelto a ser un alcohólico sobrio, activo y feliz que disfruta del modo de vivir de A.A.

No todos los que han tenido experiencias similares con la marihuana han vuelto a lograr su sobriedad. A algunos de estos miembros de A.A., que debido a fumar marihuana volvieron a beber, su adicción les llevó a la muerte.

La otra historia es la de una mujer joven, con diez años de sobriedad, que estaba hospitalizada para someterse a una operación quirúrgica. Su médico, que era experto en alcoholismo, le dijo que después de la operación sería necesario darle una pequeña dosis de morfina una o dos veces para aliviarla del dolor, pero le aseguró que no tendría que tomarla más. Esta mujer no se había tomado en su vida nada más fuerte que una tableta de aspirina para el dolor de cabeza.

La segunda noche después de la operación, ella le pidió al médico que le administrara una dosis más de morfina. Ya había recibido dos. El médico le preguntó: "¿Tienes dolor?"

"No", respondió ella. Luego añadió inocentemente: "Pero puede que me duela más tarde".

Al ver la sonrisa del médico, ella se dio cuenta de lo que había dicho y de lo que significaba. De alguna forma su cuerpo y su mente ya estaban deseando la droga.

Ella se rió y no se la tomó, y desde entonces no ha vuelto a tener el deseo. Ella cuenta de vez en cuando este incidente en las reuniones de A.A. para ilustrar su propia creencia de que hay una permanente "propensión a la adicción", incluso en sobriedad, en cualquier persona que haya tenido un problema con la bebida.

Así que la mayoría de nosotros trata de asegurar que cualquier médico o dentista que nos atiende comprenda bien nuestro historial, y tenga suficiente conocimiento acerca del alcoholismo para reconocer los riesgos que podemos correr con los medicamentos.

Y tenemos cuidado con los medicamentos que se venden en las farmacias sin receta; evitamos los jarabes para la tos que tienen alcohol, la codeína, o los soporíferos, y todo tipo de polvos, analgésicos sintéticos, jarabes, e inhalantes que a veces se dispensan libremente por farmacéuticos no autorizados o anestesistas aficionados.

¿Por qué tentar a la suerte?

Nos parece que no es difícil evitar esos roces con posibles desastres, sólo por razones de salud, no de moralidad. Por medio de Alcohólicos Anónimos hemos encontrado una forma de vida libre de drogas que, para nosotros, es mucho más satisfactoria que cualquiera que hayamos experimentado jamás con substancias psicotrópicas.

Aquella "magia" química que sentíamos por consumir alcohol (u otras drogas) era algo totalmente personal y privado. Nadie puede compartir las sensaciones placenteras que sentimos dentro de nosotros. Ahora, tenemos el placer de compartir con otros en A.A., o con cualquiera fuera de A.A., nuestra felicidad natural sin drogas.

Con el tiempo, el sistema nervioso se restablece y se acostumbra a funcionar sin ninguna droga sicotrópica. Cuando llegamos a sentirnos más cómodos viviendo sin ellas que con ellas, llegamos a aceptar y confiar en nuestros sentimientos normales, ya sean felices o tristes.

Entonces tenemos la fuerza para tomar decisiones sanas e independientes, sin depender de los impulsos ni de los deseos de satisfacción inmediata producidos por las substancias químicas. Ahora podemos ver y considerar más aspectos de una situación, posponer nuestros deseos de gratificación inmediata a favor de beneficios duraderos, y podemos sopesar mejor no sólo nuestro propio bienestar sino el de nuestros prójimos.

Sustituir los verdaderos valores de la vida por substancias químicas ya no nos interesa, ahora que conocemos lo que es el auténtico vivir.

22 Eliminar la autocompasión

Esta es una emoción tan fea que nadie en su sano juicio querría admitir sentirla. Incluso después de lograr la sobriedad, muchos de nosotros seguimos siendo muy habilidosos para esconder, incluso de nosotros mismos, el hecho de que estamos sumidos en una ciénaga de autocompasión. Ni tampoco nos gusta que nadie nos diga que se nos nota, y nos apresuramos a argumentar que la emoción que estamos experimentando no es ese odioso "pobre-de-mí-mismo". O podemos aducir, en un abrir y cerrar de ojos, multitud de razones legítimas para lamentarnos de nuestra suerte.

Mucho tiempo después de desintoxicarnos sigue flotando alrededor nuestro una sensación agradablemente familiar de sufrimiento. La autocompasión es una marisma seductora. Hundirnos en ella nos cuesta mucho menos esfuerzo que esperar, o tener fe o simplemente desplazarnos.

Los alcohólicos no son los únicos que son así. Toda persona que se acuerde de una enfermedad o un dolor de la niñez probablemente pueda recordar también el alivio de llorar por lo mal que se sentía, y la satisfacción algo perversa de rechazar a quien quisiera ofrecer consuelo. Casi todo ser humano, de vez en cuando, puede identificarse profundamente con el gemido infantil de "¡Déjame en paz!".

Una forma en que la autocompasión se manifiesta al comienzo de nuestra sobriedad es: "¡Ay de mí! ¿Por qué no puedo beber como todos los demás?" (¿*Todos?*) "¿Por qué me tiene que pasar eso a *mí*? ¿Por qué *yo* tengo que ser alcohólico?"

Pensar así sólo te servirá como una entrada al bar. Llorar por esa pregunta incontestable es como lamentarse de haber nacido en esta época, y no otra, y en este planeta, y no en otra galaxia.

Claro que no es asunto exclusivamente "mío", y esto lo descubrimos cuando empezamos a conocer a otros alcohólicos recuperados de todas partes del mundo.

Más tarde, nos damos cuenta de habernos reconciliado con esa pregunta. Cuando empezamos a disfrutar plenamente de nuestra recuperación, o bien encontramos una respuesta o simplemente perdemos interés en la pregunta. Ya te darás cuenta cuando esto te pase a ti. Muchos de nosotros creemos haber descubierto las razones más probables de nuestro alcoholismo. Pero incluso si no las hemos encontrado, nos queda por reconocer la importante necesidad de aceptar el hecho de que no podemos beber y actuar en consecuencia. Quedarnos inmóviles, bañados en lágrimas, nos sirve de muy poco.

Algunas personas muestran gran entusiasmo por hurgar en sus propias heridas. Esta feroz habilidad para jugar a ese juego absurdo es algo que nos queda de nuestros días de bebedores.

Además, podemos tener un singular talento para transformar unas ligeras molestias en todo un lúgubre universo de pesares. Cuando nos llega por correo una cuenta de teléfono muy alta, aunque sea por vez primera, nos lamentamos de estar *constantemente* cargados de deudas y decimos que *nunca* podremos salir de ellas. Cuando nuestro suflé sale mal, decimos que es una prueba patente de que *nunca* hemos podido hacer nada bien, ni *nunca* lo haremos. Cuando llega nuestro nuevo automóvil, decimos a algún compañero, "Con la suerte que tengo yo, va a ser una...."

Si la palabra que sigue tiene cierto olor amargo, tú eres miembro de nuestro club.

Es como si hubiéramos llevado a hombros una abultada bolsa llena de recuerdos desagradables, tales como dolores e injurias de nuestra niñez. Pasados veinte e incluso cuarenta años, sufrimos un pequeño contratiempo vagamente parecido a algo que tenemos en esa bolsa. Esto nos sirve como impulso para sentarnos y volver a abrir la bolsa y sacar de ella y estudiar, lenta y cariñosamente, cada herida e insulto del pasado.

Entonces, con una memoria emocional perfecta, volvemos a experimentar vívidamente cada angustia, avergonzándonos por los bochornos de la niñez, rechinando los dientes de rabia por ofensas antiguas, volviendo a redactar los guiones de viejas querellas, teniendo escalofríos por algún temor casi olvidado, o secándonos un par de lágrimas por una desilusión amorosa de antaño.

Aunque esos son casos extremamente exagerados de la autocompasión auténtica, no le son difíciles de reconocer a cualquiera que, en alguna que otra ocasión, haya visto a alguien resuelto a deshacerse en lágrimas o haya deseado hacerlo él mismo. Esto en esencia demuestra una total autopreocupación. Podemos llegar a estar tan tremendamente preocupados por nosotros mismos que perdemos contacto con casi todos los demás. No es fácil aguantar a nadie que se comporta así, a no ser que se trate de un niño enfermo. Por eso, al entrar en la ciénaga de la autocompasión, tratamos de ocultarlo, especialmente de nosotros mismos. Pero así no se sale del fangal.

Lo que tenemos que hacer es salir de nuestro ensimismamiento, distanciarnos de nuestra inquietud inmediata e intentar vernos como realmente somos. Una vez que reconocemos la autocompasión por lo que es, podemos empezar a hacer algo al respecto, algo que no sea beber.

Los amigos nos pueden ser de gran ayuda, si tenemos la suficiente intimidad para poder hablar con total franqueza. Pueden distinguir las notas falsas en nuestras canciones de congoja y decírnoslo. O puede que nosotros podamos oírlas; empezamos a saber cuáles son nuestros verdaderos sentimientos por el simple hecho de expresarlos en voz alta.

El humor es otra excelente arma contra la autocompasión. Se oyen algunas de las más vigorosas carcajadas cuando un miembro está narrando su más reciente orgía de autocompasión, y nosotros, al escucharle, nos parece que estamos mirándonos en un espejo del parque de atracciones. Allí estamos, hombres y mujeres adultos, enredados en el pañal emocional de un bebé. Puede que nos choque, pero la risa compartida sirve para quitar gran parte del dolor, y el efecto total es saludable.

Al darnos cuenta del inicio de un ataque de autocompasión podemos actuar para contrarrestarlo haciendo una contabilidad instantánea. Por cada sufrimiento en el debe, encontramos una bendición que podemos poner en el haber. La salud que gozamos, la ausencia de enfermedades, los amigos queridos, el tiempo soleado, la perspectiva de una suculenta comida, las cortesías compartidas, 24 horas sobrio, una hora de trabajo gratificador, un buen libro para leer, y otras muchas cosas se pueden sumar para compensar con creces los débitos que acaban produciendo en nosotros un sentimiento de autocompasión.

Podemos hacer uso del mismo método para superar la melancolía de las temporadas festivas, que no solamente los alcohólicos conocen. Las Navidades, el Año Nuevo, los cumpleaños y aniversarios son para muchas personas ocasiones para lanzarse a un laberinto de autocompasión. En A.A. podemos aprender a reconocer la vieja propensión a concentrarnos en la tristeza nostálgica, o insistir en recitar toda una letanía de quiénes se han ido y quiénes nos han abandonado, de lo poco que podemos dar comparado con los ricos. Podemos totalizar el haber: la gratitud por nuestra salud, por los seres queridos que todavía nos rodean y por nuestra capacidad para amar, ahora que vivimos sobrios. Y nuevamente, vemos un saldo positivo.

23 Buscar ayuda profesional

Es probable que todos los alcohólicos recuperados hayan necesitado y buscado ayuda profesional del tipo que A.A. no ofrece. Por ejemplo, los dos primeros miembros de A.A., sus cofundadores, necesitaron y consiguieron ayuda de médicos, hospitales, y clérigos.

Una vez que hemos empezado a mantenernos sobrios, parece que muchas de nuestras dificultades desaparecen. No obstante, se quedan con nosotros, o surgen, algunos problemas que requieren la atención de profesionales expertos, como por ejemplo, un tocólogo, un podólogo, un abogado, un neumólogo, un dentista, un dermatólogo o un consejero sicológico de algún tipo.

Ya que A.A. no suministra tales servicios, contamos con la comunidad profesional para conseguir un trabajo o para orientación profesional, consejos para relaciones domésticas, asesoramiento referente a problemas siquiátricos, y muchas otras necesidades. A.A. no ofrece ayuda económica, comida, ropa o alojamiento a los bebedores problema. Pero hay buenas agencias e instituciones profesionales dispuestas a ayudar a cualquier alcohólico que sinceramente trata de mantenerse sobrio.

El que una persona tenga necesidad de ayuda no es señal de debilidad ni motivo de sentirse avergonzado. El "orgullo" que impide a alguien aprovechar el estímulo alentador de un profesional es falso. No es sino vanidad y un obstáculo para la recuperación. Cuanto más madura llega a ser una persona, más dispuesta está a valerse de los mejores consejos y ayudas posibles.

Al examinar los historiales de los alcohólicos recuperados podemos ver claramente que todos nos hemos beneficiado, en alguna que otra ocasión, de los servicios especializados de siquiatras y otros médicos, enfermeras, consejeros, asistentes sociales, abogados, clérigos y otra gente profesional. El texto básico de A.A., *Alcohólicos Anónimos*, recomienda específicamente (en la página 74) que busquemos ese tipo de ayuda. Afortunadamente no hemos visto ningún conflicto entre las ideas de A.A. y el buen consejo de un profesional con conocimiento experto del alcoholismo.

No negamos que algunos alcohólicos hayan tenido muchas experiencias desafortunadas con hombres y mujeres profesionales. Pero los que no son alcohólicos, por el mero hecho de ser más numerosos, han tenido aun más experiencias de este tipo. Todavía no se ha presentado en la tierra, el médico o párroco o abogado perfectos, que nunca se equivoquen. Y mientras haya gente enferma en el mundo, es poco probable que llegue la hora en que no se cometa ningún error en el tratamiento de las enfermedades.

Para hablar con total franqueza, tenemos que admitir que los bebedores problema no son las personas más fáciles de ayudar. A veces mentimos. Desobedecemos órdenes. Y cuando estamos recuperados, echamos al médico la culpa por tardar tanto tiempo en reparar los daños que dedicamos semanas, meses y años en hacernos. Algunos no hemos pagado las cuentas a tiempo. Y repetidas veces nos esforzábamos al máximo por sabotear los buenos consejos y cuidados para así demostrar que el profesional estaba equivocado. Pero eso era un triunfo falso y vano, ya que al fin nosotros éramos quienes sufríamos las consecuencias.

Ahora algunos de nosotros nos damos cuenta de que nuestro comportamiento nos impedía obtener el buen consejo o cuidado que realmente necesitábamos. Una forma de explicar nuestra tendencia a llevar la contraria es la de decir que estaba dictada por nuestra enfermedad. El alcohol es astuto y desconcertante. Puede forzar a comportarse de manera autodestructiva a cualquiera que tenga encadenado, en contra de su buen criterio y verdaderos deseos. No nos pusimos intencionadamente a estropear nuestra salud; nuestra adicción al alcohol simplemente estaba protegiéndose contra cualquier incursión por parte de los agentes de la salud.

Si ahora nos encontramos sobrios y no obstante todavía con ganas de cuestionar a posteriori a los profesionales realmente expertos, podemos considerar esto como una advertencia: ¿tal vez el alcoholismo activo esté intentando volver a entrar furtivamente en nuestras vidas?

En algunos casos, las opiniones y recomendaciones conflictivas de otros alcohólicos en recuperación pueden crear obstáculos para el recién llegado que busca la buena ayuda profesional. Así como casi toda persona tienen su antídoto o remedio predilecto para la resaca o para el resfriado común, así también casi todos los que conocemos tienen sus médicos favoritos y no favoritos.

Claro que es prudente aprovecharse de la rica mina de experiencia acumulada por los alcohólicos que ya han hecho buenos progresos en su recuperación. No obstante lo que da resultados para algunos no siempre los dará para ti. Cada uno tiene que aceptar la responsabilidad final por sus propias acciones y omisiones. Es una decisión individual y personal.

Después de haber examinado las diversas posibilidades, haber consultado con los amigos y haber considerado los pros y los contras, te corresponde a ti decidirte a buscar y utilizar ayuda profesional. Tomar o no tomar disulfiram (Antabuse), comenzar la sicoterapia, volver a la escuela, cambiar de trabajos, tener una operación quirúrgica, ponerte a régimen, dejar de fumar, hacer o no hacer caso de los consejos de tu abogado acerca de los impuestos: todas éstas son decisiones tuyas. Respetamos tu derecho a tomarlas, y de cambiar de opinión cuando los acontecimientos lo justifiquen.

Por supuesto que no todos los expertos en medicina, psicología y otras ciencias están perfectamente de acuerdo con nosotros en todo lo que decimos en este libro. Está bien así. ¿Cómo podrían estarlo? No han tenido la experiencia personal de primera mano que nosotros hemos tenido con el alcohol y muy pocos de ellos llevan tanto tiempo como nosotros viendo a tantos bebedores problema. Ni tampoco nosotros hemos tenido la formación y experiencia que los han preparado para llevar a cabo sus responsabilidades.

Esto no quiere decir que ellos tienen razón y nosotros estamos equivocados o viceversa. En cuanto a ayudar a los bebedores problema, tenemos funciones y responsabilidades totalmente diferentes.

Que seas tan afortunado en estos asuntos como tantos de nosotros lo hemos sido. Centenares de miles de nosotros estamos profundamente agradecidos a los innumerables hombres y mujeres que nos han ayudado o lo han intentado.

24 Evitar los enredos emocionales

Enamorarte de tu médico, o tu enfermera o de un compañero paciente es una historia clásica. Los alcohólicos en recuperación son propensos a estas fiebres. De hecho, el alcoholismo no parece inmunizarte contra ninguna condición humana conocida.

Como reza el refrán, la tristeza nace en el corazón impetuoso. Y así también pueden nacer otros problemas, incluyendo una recaída alcohólica.

En nuestros días de botellas, latas y vasos, muchos de nosotros pasábamos mucho tiempo preocupados por nuestras relaciones íntimas personales. Ya fuera que quisiéramos aventuras temporales o una "relación duradera y profunda", estábamos frecuentemente obsesionados por nuestros lazos afectivos con otras personas, o la ausencia de los mismos.

Muchos de nosotros echábamos la culpa a nuestra forma de beber por esa falta de cariño, nos veíamos en una constante búsqueda de amor, bebiendo mientras íbamos al acecho de bar en bar y de fiesta en fiesta. Otros seguíamos bebiendo a pesar de gozar aparentemente de todos los vínculos emocionales que pudiéramos haber deseado o necesitado. En cualquier caso, el alcohol no servía para profundizar nuestra comprensión del amor maduro, ni nuestra capacidad para trabar una relación amorosa o vivirla si la encontráramos. Por el contrario, nuestra vida de bebedores nos dejó emocionalmente consumidos, vacíos, secos, magullados, si no rotundamente retorcidos.

Por lo tanto, como indica nuestra experiencia, es muy probable que los primeros días sin beber sean una época de gran vulnerabilidad emocional. ¿Es esto una secuela farmacológica del alcohol? ¿Es una condición normal de una persona que se está recuperando de una grave y larga enfermedad? ¿O una indicación de un serio defecto de la personalidad? Al principio, da igual. Sea cual sea la causa, tenemos que estar alertas porque la condición nos puede tentar a tomarnos un trago antes de que nos demos cuenta.

Hemos visto producirse tales recaídas de varias formas. Al comienzo, por el alivio y el puro placer de recuperarnos, podemos enamorarnos impulsivamente de la gente que conocemos, fuera y dentro de A.A., especialmente cuando demuestran un auténtico interés en nosotros, o parecen tenernos una gran admiración. La euforia alocada que esto puede producir nos hace muy susceptibles a tomarnos un trago.

O puede producirse el estado emocional opuesto. Puede que nos sintamos tan insensibles física y emocionalmente durante un tiempo después de dejar de beber que seamos casi inmunes a toda clase de afecto. (Según los médicos, suele ocurrir que las personas que han dejado de beber pierden todo interés en el sexo y toda potencia sexual durante un período de varios meses después de hacerlo, una dificultad que a menudo se alivia cuando mejora la salud general.) Mientras no tengamos la seguridad de que este aturdimiento sensual es algo pasajero, el volver a beber nos parece un "remedio" atractivo, lo cual nos conduce a dificultades aun más graves.

Nuestro inestable estado emocional también afecta nuestros sentimientos para con nuestra familia y nuestras viejas amistades. Para muchos de nosotros, estas relaciones van restaurándose a medida que nos vamos recuperando. Otros pasamos por un período delicado de extrema susceptibilidad en casa; ahora que estamos sobrios, tenemos que poner nuestros pensamientos en orden y reevaluar nuestras relaciones con nuestros cónyuges, hijos, hermanos y padres y vecinos, y volver a examinar igualmente nuestra conducta. Y será apropiado prestar la misma atención al trato que tenemos con nuestros colegas y compañeros de trabajo, nuestros clientes, nuestros empleados y patrones.

(Nuestra forma de beber también habrá tenido un fuerte impacto emocional en nuestros allegados y puede que ellos también necesiten ayuda para recuperarse. Pueden recurrir a los Grupos Familiares de Al-Anon y Alateen [ver la guía de teléfonos]. Aunque estas asociaciones no están oficialmente afiliadas con A.A., tienen gran parecido, y ayudan a nuestros parientes y amigos no alcohólicos a vivir más cómodamente, con un más amplio conocimiento de nosotros y nuestra condición.)

A lo largo de los años, hemos llegado a estar firmemente convencidos de que no es aconsejable tomar ninguna decisión importante durante las primeras etapas de nuestra sobriedad, a menos que sea imposible aplazarlo. Esta advertencia se aplica con especial fuerza a las decisiones referentes a otras personas, decisiones que son de alta potencia emocional. Es poco sensato precipitarnos a hacer grandes cambios en nuestras vidas durante esas primeras semanas inciertas de sobriedad.

Otra advertencia: Vincular nuestra sobriedad con alguien con quien estamos emocionalmente liados resulta ser categóricamente desastroso. Decir "me voy a mantener sobrio si fulanita o fulanito hace esto o lo otro" impone una condición poco saludable a nuestra recuperación. Tenemos que mantenernos sobrios por nosotros mismos independientemente de lo que otras personas hagan o dejen de hacer.

Además, debemos tener presente que el odio intenso es también un enredo emocional, a menudo el reverso de un antiguo sentimiento amoroso. Tenemos que calmar toda emoción exagerada, para evitar que nos lleve de nuevo a beber.

Es fácil considerarse a uno mismo como una excepción a esta regla general. Recién sobrio, puede que creas sinceramente que por fin has encontrado el *verdadero* amor, o que tu actual sentimiento de odio que sigues sintiendo aun en la sobriedad significa que esta relación ya estaba mal desde el principio. *Puede ser* que tengas razón; pero por el momento más vale esperar a ver si tu actitud cambia.

Una y otra vez hemos visto tales sentimientos cambiar drásticamente al cabo de unos pocos meses de sobriedad. Así que, nos ha resultado útil seguir el dicho "lo primero primero", concentrarnos primero y exclusivamente en la sobriedad, y evitar cualquier enredo emocional arriesgado.

Las relaciones inmaduras o prematuras pueden ser catastróficas para la recuperación. Únicamente después de haber tenido tiempo para lograr cierta madurez, más allá del mero hecho de no beber, estamos capacitados para formar relaciones adultas con otras personas.

Cuando nuestra sobriedad tiene una base suficientemente firme para soportar las tensiones, entonces estamos preparados para arreglar y enderezar otros aspectos de nuestras vidas.

25 Escapar de la trampa del "si"

Aparte de los enredos emocionales, se nos presentan otras posibilidades de vincular nuestra sobriedad arriesgadamente con factores externos. Algunos de nosotros tendemos a imponer otras condiciones a nuestra sobriedad, sin querer hacerlo.

Un compañero de A.A. dice, "Nosotros los borrachos* somos muy aficionados a la palabra 'si'. En nuestros días de bebedores éramos casi tan propensos a decir el *si* condicional como a llenarnos de licor. Solíamos soñar despiertos empezando con un '*Si ....*' Y siempre nos estábamos diciendo a nosotros mismos que no nos habríamos emborrachado *si* alguien no hubiera hecho esto o aquello o *si* algo no nos hubiera sucedido, o que no tendríamos ningún problema con la bebida *si* sólo...."

A este último "si" anexamos nuestros propios razonamientos (¿excusas?) para beber. Cada uno de nosotros siempre se estaba diciendo: No estaría bebiendo así...

Si no fuera por mi esposa (o esposo o amante)... si sólo tuviera más dinero y menos deudas... si no fuera por todos estos problemas familiares... si no estuviera sujeto a tanta presión... si tuviera mejor trabajo y una casa mejor... si sólo la gente me entendiera... si el mundo no estuviera en tan mal estado... si los seres humanos fueran más amables, más atentos, más sinceros... si todo el mundo no diera por supuesto que yo iba a beber... si no fuera por la guerra (cualquiera que sea)... etc., etc....

Al echar una mirada retrospectiva sobre esta forma de pensar y nuestra consiguiente conducta, ahora vemos que estábamos dejando que las circunstancias ajenas dictaran gran parte de nuestras vidas.

Cuando dejamos de beber, muchas de estas circunstancias van perdiendo su exagerada importancia para acabar ocupando su lugar apropiado entre nuestros pensamientos. A nivel personal, muchas de ellas se disipan en cuanto empezamos a mantenernos sobrios, y respecto a las demás comenzamos a vislumbrar posibles formas de tratarlas en el futuro. Mientras tanto, venga lo que venga, nuestra vida es mucho mejor ahora que estamos sobrios.

Pero después de llevar algún tiempo sobrio, llega el momento en que algunos de nosotros nos quedamos repentinamente pasmados ante un nuevo descubrimiento. Sin habernos dado cuenta, esa antigua forma de pensar con el "si", vestigio de nuestros días de bebedores, se ha integrado en nuestra

---

* *Algunos A.A. nos calificamos a nosotros mismos de "borrachos" sin importar el tiempo que llevemos sobrios. Otros prefieren decir "alcohólicos". Ambos términos tienen su porqué. "Borrachos", con su aire humorístico, sirve para bajarle los humos al ego, y nos recuerda nuestra proclividad a beber. El término "alcohólico" es de una franqueza parecida, pero tiene un tono más decoroso y más de acuerdo con la idea ahora extensamente aceptada de que el alcoholismo es una enfermedad bien respetable y no un obstinado capricho.*

vida de no bebedores. Inconscientemente, hemos impuesto condiciones en nuestra sobriedad. Hemos empezado a pensar que la sobriedad está bien — *si* todo el resto va bien o *si* nada nos sale mal.

Efectivamente, hemos dejado de tener en cuenta la inmutable naturaleza bioquímica de nuestra enfermedad. El alcoholismo no respeta ningún "si". No desaparece nunca; ni siquiera nos deja una semana, un día, ni una hora convertidos en no alcohólicos que pueden volver a beber para conmemorar alguna ocasión especial o por cualquiera razón extraordinaria, para ahogar una gran tristeza, por la lluvia que cae en España o las estrellas fugaces que salpican los cielos de Alabama. Para nosotros el alcoholismo es incondicional, y no tenemos disponible a ningún precio ninguna dispensa.

Puede que tardemos un rato en asimilar esta realidad. Y a veces no nos damos cuenta de haber impuesto condiciones a nuestra recuperación hasta que algo sale mal sin ser nosotros los culpables. Y luego, ¡zas! allí está. No esperábamos que *esto* fuera a ocurrir.

Al vernos repentinamente desilusionados, es natural pensar en tomarnos un trago. Si no nos dan el aumento de sueldo, o el ascenso, o el trabajo que esperábamos que nos fueran a dar, o si algo anda mal en nuestra vida amorosa, o si alguien nos maltrata, entonces podemos ver tal vez que hemos venido contando con que las circunstancias nos ayudaran a querer mantenernos sobrios.

En algún lugar secreto, escondida en una recóndita circunvolución del cerebro, teníamos una pequeña reserva, una condición puesta a nuestra sobriedad. Y estaba siempre lista para abalanzarse sobre nosotros. Veníamos diciéndonos a nosotros mismos: "Sí, la sobriedad es una maravilla e intento mantenerla". Ni siquiera oímos la condición susurrada: "O sea, *si* todo me va bien".

No podemos permitirnos el lujo de decir "si sólo…" Tenemos que mantenernos sobrios, nos venga lo que nos venga en la vida, ya sea que los no alcohólicos reconozcan la importancia de nuestra sobriedad o no. Tenemos que mantener nuestra sobriedad independiente de todo lo demás, no podemos hacerla depender de otra gente, no podemos imponer condiciones o inventar escapatorias.

Una y otra vez nos hemos dado cuenta de que no podemos mantenernos mucho tiempo sobrios por nuestra esposa o esposo, por los niños o un amante, por nuestro jefe (o médico, o juez o acreedor): no podemos hacerlo por *nadie* que no sea nosotros mismos.

Vincular nuestra sobriedad con *cualquier* persona (incluso con otro alcohólico recuperado) o con *cualquier* circunstancia es una tontería y además peligroso. Al decirnos "Voy a mantenerme sobrio si…" O "No voy a beber por (puedes llenar el espacio blanco con cualquier condición que no sea nuestro deseo de recuperarnos, por nuestra propia salud), sin darnos cuenta, estamos preparándonos para beber cuando la persona o las circunstancias cambien. Y éstas pueden cambiar en cualquier momento.

Nuestra sobriedad, sin vínculo ajeno e independiente de todo, puede llegar a ser lo suficientemente sólida para que podamos hacer frente a cualquier dificultad, y a cualquier persona. Y, como verás, empieza a gustarnos este sentimiento de seguridad.

26 Andar con cautela ante las ocasiones de beber

Hemos ideado muchas formas de evitar la bebida en las ocasiones en que otra gente está bebiendo, para así disfrutarlas sin beber.

En la página 21, tratamos la cuestión de tener licor u otras bebidas alcohólicas en casa después de decidirnos a dejar de beber. En esa discusión, reconocíamos el hecho de que vivimos en una sociedad en que la mayoría bebe, y es poco realista esperar que esta situación vaya a cambiar. Durante el resto de nuestras vidas, vamos a encontrarnos en lugares donde la gente está bebiendo. Es probable que veamos a personas bebiendo todos los días, que pasemos por lugares donde se bebe, que oigamos anuncios en que se nos invita a beber.

No podemos aislarnos de todas estas sugerencias, y es vano lamentarnos de esa realidad. Ni tenemos ningún deseo de privar a otras personas de la bebida. Nos hemos dado cuenta de que no tenemos que renunciar al placer de estar con amigos que beben. Aunque al *empezar* a mantenernos sobrios es prudente pasar más tiempo con gente que no bebe, no queremos retirarnos del mundo solamente porque hay en este mundo tantas personas que beben. Quienes no pueden comer pescado, o nueces, o carne de cerdo o fresas no se van a esconder en cavernas. ¿Por qué hacerlo nosotros?

¿Entramos en bares, o en restaurantes o clubs donde se sirven licores?

Sí. Pasadas unas cuantas semanas o meses, y si tenemos un motivo legítimo para hacerlo. Si es cuestión de matar tiempo esperando a nuestros amigos, no optamos por hacerlo sentados en un bar bebiendo un refresco. Pero si es cuestión de negocios o un evento social, allí vamos y participamos en todo, menos el beber.

Durante los primeros meses sin beber es una buena idea mantenernos alejados de nuestros viejos compañeros de tragos y lugares habituales, y encontrar buenas excusas para no presentarnos en fiestas donde la bebida es la principal diversión. Parece ser de especial importancia no asistir a funciones de este tipo si la idea de ir nos pone nerviosos.

Pero tarde o temprano, llega el momento en que debido a un compromiso familiar o de negocios o por cuestión de amistad, nos sentimos obligados a asistir, o tal vez simplemente queremos ir. Hemos ideado varias formas de hacer que estas ocasiones sean más fáciles para nosotros, aunque nos abstenemos de beber. Nos estamos refiriendo principalmente a una fiesta grande o una cena informal con copas y cócteles.

Si el anfitrión es un viejo amigo con quien podemos hablar francamente, a veces es conveniente avisarle con anticipación que ahora no bebemos. No pedimos ningún trato especial. Pero es muy tranquilizador saber que por lo menos hay presente una persona que entiende perfectamente y apoya nuestro intento de superar nuestro problema con la bebida. A veces podemos ir acompañados de una persona no bebedora más experimentada, o de un compañero que sabe que nos abstenemos de beber y se da cuenta de lo importante que es para nosotros.

Antes de ir es conveniente hablar con un alcohólico recuperado o con otra persona que esté de tu lado y apoya tus esfuerzos para recuperarte y comprenda plenamente las presiones a las que estás sometido. Dile a esta persona que la vas a llamar después para contarle cómo te fue. A un alcohólico recuperado le gustaría mucho recibir una llamada así. ¡Créenos! A nosotros los A.A. nos encantan tales comunicaciones.

Es una buena idea comer un sandwich o algo así antes de ir a una fiesta, aun si sabes que se va a servir comida. Como ya hemos mencionado, tener algo nutritivo en el estómago puede servir para hacer menos duras las situaciones difíciles. (Y puedes llevar un paquete con tus pastillas de menta preferidas o un substituto dietético.) Y es aun más importante hacerlo si vas a una fiesta en la que los invitados pasarán varias horas bebiendo antes de que aparezca la comida.

Si sabes que la fiesta va a ser así, tal vez prefieras perder la primera hora y llegar poco antes de que se vaya a servir la cena. Así lo hacemos muchos de nosotros. Luego, si van a seguir sirviendo bebidas después de la cena, nos ha resultado prudente despedirnos temprano. Hemos descubierto que a los pocos que se dan cuenta de nuestra salida no les importa en absoluto que nos vayamos. Están muy ocupados bebiendo, o lo que sea.

Al llegar a la fiesta, normalmente lo mejor es dirigirnos al bar y pedir una gaseosa u otro refresco. Nadie va a saber si es una bebida alcohólica o no. Entonces podemos circular por la fiesta, vaso en mano, sin sentir que todo el mundo nos está mirando.

La primera experiencia de este tipo fue para nosotros muy reveladora. Para nuestra sorpresa descubrimos que (1) las otras personas no beben tanto como creíamos y (2) muy pocas personas se fijan o se interesan en si bebemos o no bebemos alcohol. (Algunas excepciones se pueden encontrar entre nuestros amigos y familiares que normalmente se alegran al vernos hacer algo respecto a nuestro problema con la bebida.)

Muchos solíamos decir, y creer, que "todo el mundo" bebe, y que nosotros no bebíamos mucho más que los otros bebedores que conocíamos. Para decir verdad, según pasaban los años, tendíamos a juntarnos cada vez menos con personas no bebedoras, así que naturalmente nos parecía que "todo el mundo" bebía, y sin duda lo hacían todos los que estaban a nuestro alrededor.

Ahora que estamos sobrios es una revelación ver que no "todo el mundo" bebe, y que muchos beben menos de lo que creíamos.

El alcohólico recién sobrio, anticipando situaciones parecidas, se pregunta cómo responder si sus amigos y familiares bebedores le dicen:

"Ven a tomarte un trago".

"¿Qué bebes?

"¡Es imposible que seas alcohólico!"

"¿No bebes?"

"Un trago no te hará daño".

"¿Por qué no bebes?"

Para nuestro gran alivio, resulta que estas preguntas son menos frecuentes de lo que esperábamos. Nuestras respuestas tienen menos importancia de lo que creíamos que iban a tener; y el hecho de que no bebemos es menos escandaloso de lo que nos temíamos.

Hay una excepción. De vez en cuando, una persona muy bebedora se pondrá muy agresiva ante nuestra abstinencia. A la mayoría de nosotros esta actitud nos parece sumamente sospechosa. La gente civilizada y cortés simplemente no va a fastidiarnos tanto con lo que queramos beber o comer, a no ser que tengan sus propios problemas. Nos parece raro que alguien insista en hacer que otra persona, que no quiere beber, beba; y nos resulta sumamente extraño que alguien quiera que una persona con una historia de problemas relacionados con la bebida, intente volver a beber.

La experiencia nos enseña a evitar a la gente. Si tienen sus propios problemas con que contender, les deseamos buena suerte. Pero no tenemos que defender lo que decidimos hacer ante ellos ni ante nadie. Y no discutimos con ellos ni tratamos de hacerles cambiar de opinión. Repetimos, nuestra actitud es "vive y deja vivir".

Volvamos a considerar estas preguntas que, cortés y casualmente, nos hacen nuestros familiares y amigos bien intencionados, y las respuestas que les damos. Probablemente hay tantas formas de manejar estas situaciones como hay personas no bebedoras, y puedes contar con que tu propio criterio te indique la forma más conveniente.

No obstante, de la experiencia de Alcohólicos Anónimos acumulada durante muchos años se pueden desprender en líneas generales varios métodos eficaces. Tenemos a nuestra disposición la sabiduría del pasado, y sería una tontería no aprovecharla.

Muchos de nosotros (aunque no todos) creemos que cuanto antes digamos la verdad a quienes nos conocen, mejor. No tenemos que seguir fingiendo, y la mayoría de la buena gente aprecia nuestra sinceridad y apoya nuestros esfuerzos para mantenernos libres de nuestra adicción. Decirles a otras personas que no bebemos nos ayuda grandemente a fortalecer nuestra determinación de mantenernos sobrios. Y puede producir un beneficio adicional: de vez en cuando, una declaración así puede dar aliento a otra persona presente que lo necesita y quiere dejar de beber.

Por lo tanto, cuando es apropiado, muchos de nosotros no dudamos en decir, "ahora no bebo".

"Hoy (o esta semana) no voy a beber" o simplemente "no, gracias", o "no me apetece ahora", suele satisfacer a nuestro interlocutor.

Si nos sentimos obligados a explicarlo más detalladamente, intentamos hacerlo sin mentir y de una manera que les resulte fácil de entender y aceptar a otras personas. Por ejemplo, hay esos viejos recursos de "por motivos de salud", "estoy a dieta" y "por orden del médico". La mayoría de nosotros, en alguna que otra ocasión, hemos recibido o hemos leído consejos médicos de este tipo.

"Ya me he tomado lo suficiente", "no puedo tomar más" y "la bebida no me sienta bien", también son formas de decir la verdad.

Aunque entre nosotros mismos los A.A. no utilizamos tales frases como "estoy a régimen seco" o "he hecho un juramento", éstas son cosas que la gente puede entender y respetar, a condición de que no nos pongamos a convencer a otras personas de que se abstengan del alcohol.

Claro que no podemos recomendar la insinceridad, debido a los sentimientos que ésta produce en *nosotros*; pero algunos de nosotros a veces en desesperación hemos dicho una "mentira piadosa", una de esas "mentirillas" que se consideran inocuas y que se describen como "la lubricación necesaria para el funcionamiento eficaz de la sociedad".

Cuando nos resulta necesario recurrir a excusas fabricadas para no beber, tratamos de evitar las exageraciones. Al decirle a alguien "tengo una rara y misteriosa enfermedad" o "estoy bajo tratamiento especial" es posible que le hagas callar; pero es más probable que le incites a hacerte más preguntas.

La mayoría de las veces, parece aceptable decir "soy alérgico al alcohol". Estrictamente hablando, según la opinión de los expertos, el alcoholismo no es, en términos científicos, una auténtica alergia. No obstante, "alergia" es una buena metáfora para describir nuestra condición; si bebemos alcohol, va a haber consecuencias funestas.

El responderles de esa forma suele producir el resultado deseado. Es decir, la gente reconoce el hecho de que no vamos a beber ahora, y deja de hacernos más preguntas.

Cuando se nos pregunta qué nos gustaría beber, parece cortés y sensato pedir y prontamente aceptar una bebida no alcohólica, ya sea nuestra favorita o no. La mayoría de nosotros pedimos un refresco, jugo de frutas o de vegetales u otra bebida no alcohólica que esté disponible. (Podemos fingir tomarlo a pequeños sorbos, si de hecho no nos gusta o no tenemos sed). Así nos sentimos más cómodos y hacemos que se relajen el anfitrión o anfitriona quienes tal vez van circulando entre la gente, llenando compulsivamente vasos, y parecen sentirse muy preocupados si tan siquiera un solo invitado no está bebiendo.

Tampoco nos presenta ningún problema especial el banquete formal con sus diversas copas apropiadas para los vinos que acompañan los varios platos. Simplemente con poner la copa boca abajo damos una suficientemente clara señal al buen camarero o sumiller, incluso en Europa, reino del vino. Algunos pedimos una gaseosa o agua mineral. Y cuando se brinda por alguien, con tal de que levantemos *algún* vaso, con algo adentro, nadie se va a fijar en nosotros. Al fin y al cabo lo que cuenta, lo que hace real el brindis, es la expresión simbólica de amistad, y no la presencia de una droga (alcohol etílico) en el vaso o en la copa de amistad.

Nadie está obligado a responder a preguntas groseras o indiscretas; por lo tanto, en las raras ocasiones en que nos hacen una pregunta así, la desoímos o nos las ingeniamos para desviarla o cambiamos de tema. Si esto te sucede a ti, ten presente que hay ahora centenares de miles de nosotros que estamos de parte tuya y entendemos perfectamente las dificultades por las que estás pasando y por qué lo haces, aun cuando te parezca que nadie más lo entiende. Aun cuando no estamos presentes estamos contigo en espíritu y te aseguramos que te estamos deseando lo mejor.

Y hubo otro tipo de incidente que nos sucedió a algunos de nosotros. No es muy grave ni muy peligroso, pero tal vez con contártelo podemos contribuir a que no te desconciertes seriamente cuando se te presente una situación parecida en tu vida. De vez en cuando un buen amigo o pariente bondadoso y bien intencionado, sin quererlo, se pasa un poco con su preocupación por nuestra recuperación y, sin más deseo que el de ayudarnos, puede hacernos sentir incómodos si no estamos preparados para manejarlo.

Por ejemplo, nuestro cónyuge, temiendo que volvamos a beber, lo cual es comprensible, puede que se esfuerce exageradamente por protegernos y diga "Fulano de tal ha dejado de beber". O un amigo muy atento puede que, sin pensarlo, llame la atención de otros al hecho de que no bebemos, indicando con el dedo al único vaso de jugo de tomate entre las bebidas preparadas diciendo: "Este es el tuyo".

Son muy amables por querer ayudarnos e intentamos fijarnos en su deseo de ser simpáticos. Para ser justos con ellos, no podemos esperar que se den cuenta inmediatamente de cómo nos sentimos. Algunos de nosotros tampoco sabemos cómo nos sentimos hasta después de llevar algún tiempo sin beber y pasar la fase de sentirnos muy cohibidos.

Naturalmente, preferimos que nos dejen tomar nuestras propias decisiones, discreta y privadamente, sin hacer un espectáculo para el público en general. Pero el ser exageradamente sensibles a lo que otras personas hacen o dicen sólo sirve para herirnos a nosotros mismos. Es mejor tratar de aguantarnos y de alguna manera salir del momento. Suele pasar en menos de cinco minutos. Más tarde, cuando nos sentimos más tranquilos, tal vez podamos explicarles calmadamente que les agradecemos su amable preocupación por nosotros, pero preferimos que se nos permita dar nuestras propias excusas. Podemos agregar que nos gustaría protegernos a nosotros mismos en situaciones sociales para así tener la oportunidad de practicar, para que él o ella no tengan que preocuparse por nosotros cuando estemos solos.

Con el paso del tiempo, muchos llegamos a sentir un grado de auténtica comodidad respecto a nosotros mismos y al beber; nos sentimos lo suficientemente relajados para decir la plena verdad: que somos "alcohólicos recuperados" o que somos miembros de A.A.

Esta revelación confidencial y personal no está de ninguna manera en conflicto con la tradición de anonimato de A.A., la cual sugiere que no revelemos estos hechos particulares acerca de nadie *excepto* nosotros mismos, y que no hagamos tales revelaciones para publicación o emisión por los medios públicos.

Cuando llegamos a sentirnos suficientemente cómodos como para hablar de estas cosas de nuestras vidas, es una indicación que no tenemos nada que ocultar, que no estamos avergonzados por estar recuperándonos de una enfermedad. Ayuda a reforzar nuestra dignidad y amor propio. Tales declaraciones sirven para borrar gradualmente el estigma cruel que desde hace tiempo la gente ignorante ha puesto injustamente en nuestra enfermedad, y contribuyen a reemplazar las imágenes estereotípicas del "alcohólico" con otras más acertadas.

Dicho sea de paso, tales declaraciones muy a menudo llevan a buscar ayuda a otras personas que desean superar un problema con la bebida.

Una cosa más referente al asunto de las "ocasiones de beber". Muchos de nosotros, al sentirnos desagradablemente presionados a beber, no dudamos en inventar una excusa para despedirnos, sin importarnos qué pensarán los demás invitados. A fin de cuentas lo que está en juego es nuestra propia vida. Tenemos que dar los pasos necesarios para preservar nuestra salud. La reacción de la gente es asunto *suyo*, no nuestro.

27 Abandonar las viejas ideas

Las ideas que acabaron arraigándose tan profundamente en nuestras vidas de bebedores no desaparecen como por arte de magia, en cuanto empezamos a poner el tapón en la botella. Tal vez han llegado a su fin nuestros días de vino y canciones de tabernas, pero la enfermedad persiste.

Por esto hemos encontrado de valor terapéutico cortar por lo sano muchas viejas ideas que vuelven a brotar. Y lo hacen, repetidas veces.

Tratamos de llegar a sentirnos relajados y libres de las ataduras de nuestra antigua manera de pensar. Muchos de nuestros viejos hábitos de pensar, y las ideas que producían, ponen límites a nuestra libertad. Sólo nos agobian y no sirven para nada: así nos parece al mirarlas con nuevos ojos. No *tenemos que* aferrarnos a ellas a no ser que, después de considerarlas, resulten ser válidas y verdaderamente fructíferas.

Ahora tenemos parámetros muy precisos para medir la utilidad y la veracidad de una idea. Podemos decirnos a nosotros mismos, "Ahora bien, así exactamente solía pensar en mis días de bebedor. ¿Me ayuda a mantenerme sobrio esa forma de pensar? ¿Me conviene pensar así *hoy*?".

Muchas de nuestras viejas ideas, especialmente las que tienen que ver con el alcohol, con beber, con emborracharse y con el alcoholismo (o si lo prefieren, problemas con la bebida) resultan no tener ningún valor o ser efectivamente autodestructivas, y es un gran alivio deshacernos de ellas. Tal vez sería suficiente dar algunos ejemplos para ilustrar nuestra buena disposición a desechar nuestras viejas ideas inservibles.

Para muchos de nosotros, cuando éramos adolescentes, beber era una forma de demostrar que ya no éramos niños, que éramos muy hombres, o sofisticados o sabios, o suficientemente duros para desafiar a nuestros padres y otras autoridades. Para mucha gente el beber está íntimamente relacionado con el romance, el sexo y la música o con el éxito en los negocios, el esnobismo de vinos, y el lujo de la jet set. Si en la escuela se habla de beber alcohol, se suele hacer para destacar los peligros que representa para la salud y la probabilidad de perder el permiso de manejar, y no mucho más. Y mucha gente sigue convencida de que todo uso del alcohol es inmoral y conduce directamente al crimen, al sufrimiento, a la degradación y a la muerte. Ya fueran positivas o negativas nuestras ideas referentes al beber, solían ser muy arraigadas y más emocionales que racionales.

O puede que nuestras actitudes en cuanto a la bebida fueran meramente automáticas, una aceptación irreflexiva de las opiniones de otra gente. Para muchos, beber es una parte esencial de las ocasiones sociales, un ameno pasatiempo inofensivo que se hace en ciertos lugares entre amigos en ciertas ocasiones específicas. Otros consideran la bebida como un complemento necesario de la comida. Pero ahora nos preguntamos a nosotros mismos: ¿Es de hecho imposible disfrutar de la amistad o de la comida sin beber? ¿Servía nuestra forma de beber para mejorar nuestras relaciones sociales? ¿De hecho disfrutábamos más de la buena comida?

La idea de emborracharse produce reacciones aun más extremas, en pro y en contra. Es probable que el achisparse se considere como pura diversión o una degradación total. La idea misma es repugnante para mucha gente por diversos motivos. Para algunos, nos era una condición deseable, no solamente porque se esperaba de nosotros y nos gustaba sino porque además era una situación a la que solían quitarle importancia las celebridades glamorosas. Algunas personas son intolerantes con quienes nunca se emborrachan; otros son desdeñosos de quienes se emborrachan *demasiado*. Los resultados de los estudios de salud recién emprendidos han tenido poca influencia en estas actitudes.

La primera vez que oímos la palabra "alcohólico", la mayoría de nosotros la asociamos exclusivamente con los hombres mayores, desarreglados, temblorosos o desagradables que veíamos mendigando o tumbados inconscientes en los barrios perdidos. La gente bien informada de hoy día sabe que esas imágenes son pura tontería.

No obstante, durante nuestros primeros intentos de mantenernos sobrios, aun nos quedaba un vestigio de nuestras antiguas y turbias nociones que nos hacía la vista borrosa y la verdad difícil de ver. Pero por fin llegamos a estar dispuestos a considerar la posibilidad de que algunas de esas ideas eran erróneas o ya no servían para reflejar acertadamente nuestra experiencia personal.

Cuando logramos autoconvencernos de considerar esa experiencia con mente abierta y tener los oídos abiertos a ideas diferentes a las nuestras, tuvimos a nuestra disposición gran cantidad de información que antes no habíamos examinado cuidadosamente.

Por ejemplo, podríamos considerar la descripción científica: El alcohol es una droga que altera el estado de mente, y no solamente una bebida refrescante para quitarte la sed. Nos enteramos de que esta droga se encuentra no solamente en bebidas, sino en algunas comidas y medicinas. Y ahora, casi todos los días, tenemos noticias de un nuevo descubrimiento que indica que esta droga hace otro tipo más de daño físico (al corazón, a la sangre, al estómago, al hígado, a la boca, al cerebro, etc.) que antes no se sospechaba.

Los farmacólogos y otros expertos en la adicción ahora dicen que el alcohol no se debe considerar como completamente inocuo y sin peligro, ya se tome como bebida, estimulante, sedante, tónico o tranquilizante. Pero por sí solo no causa directamente en todos los casos daño físico ni necesariamente lleva a la degradación mental. Aparentemente la mayoría de la gente lo puede usar prudentemente sin causar perjuicios a ellos mismos ni a otras personas

Nos hemos enterado de que se puede considerar el beber alcohol como ingerir una droga y la embriaguez como una sobredosis. El abuso de la droga puede conducir, directa e indirectamente, a problemas de todo tipo: físicos, sicológicos, domésticos, sociales, económicos, vocacionales. En lugar de pensar principalmente en lo que la bebida hacía por nosotros, empezamos a ver los daños que causaba a otras personas.

Nos hemos enterado de que cualquier persona que tenga cualquier tipo de problema relacionado con la bebida puede padecer de "alcoholismo". Esta enfermedad ataca sin distinción de edad, credo, sexo, inteligencia, procedencia étnica, salud emocional, profesión, situación familiar, constitución fuerte, dieta, estado económico o social o carácter general. No es cuestión de cuánto ni de cómo bebes ni cuándo, ni por qué, sino de qué efecto tiene en tu vida tu forma de beber: qué pasa cuando bebes.

Antes de que pudiéramos reconocer que sufríamos de esta enfermedad, tuvimos que librarnos de este trasnochado mito. Sería una indicación de debilidad vergonzosa el admitir que no podíamos aguantar más el alcohol (como si pudiéramos haberlo hecho alguna vez).

¿Debilidad? De hecho, se necesita un considerable valor para mirar la dura verdad sin pestañear, sin reservas, sin disimulo, sin excusas, y sin engañarnos a nosotros mismos. (Es impropio alardear, pero para decir verdad muchos de nosotros creemos que, en cuanto a engañarnos a nosotros mismos, éramos campeones mundiales.)

El proceso de recuperarse del alcoholismo ha estado empañado de ideas falsas. Como otros millones de personas que han visto a alguien beber hasta la muerte, nos hemos preguntado por qué el bebedor no se valía de su fuerza de voluntad para dejar de beber. Esta es otra idea anticuada que persiste porque muchos de nosotros en nuestra juventud conocimos a alguien que tenía una superpoderosa fuerza de voluntad. Tal vez se trataba del legendario tío Juan de la familia o vecindario. Bien conocido durante años como vividor y camorrista, de pronto a la edad de cincuenta años dejó el vino, las mujeres y la juerga y se convirtió en un modelo de decoro y solidez moral y no volvió nunca a tomarse ni una gota más.

La ingenua idea de poder hacer lo mismo nosotros, cuando estemos listos y dispuestos, es una vana y peligrosa ilusión. Somos quienes somos y nada más. (Tampoco somos el abuelito que seguía bebiéndose su litro diario de ginebra hasta la edad de noventa años.)

Ahora es bien sabido que la fuerza de voluntad por sí misma es tan efectiva para curar la adicción al alcohol como lo es para curar el cáncer. Nuestra propia experiencia lo ha confirmado repetidas veces. La mayoría de nosotros intentamos hacerlo a solas, con la esperanza de controlar nuestra manera de beber o dejar la bebida y no tuvimos éxito duradero en ninguno de los dos casos. Aun así, no era fácil admitir que necesitábamos ayuda. Esto también parecía una muestra de debilidad. Sí, en este caso también un mito nos tenía engañados.

Pero finalmente nos preguntamos a nosotros mismos: ¿No sería más inteligente buscar y aprovecharnos de un poder superior al nuestro en vez de persistir en nuestros vanos esfuerzos solitarios que una y otra vez habían demostrado ser ineficaces? No nos parece muy sensato esforzarnos por ver en la oscuridad si simplemente podemos encender la luz. No logramos nuestra sobriedad por nosotros mismos. Esa no es la forma en que aprendimos a mantenernos sobrios. Y el pleno disfrute de la vida sobria tampoco es una empresa unipersonal.

Cuando estábamos dispuestos a considerar, aun temporalmente, tan siquiera una pocas ideas nuevas diferentes a las nuestras, ya habíamos dado un buen comienzo hacia una nueva vida feliz y más saludable. Así nos sucedió a miles y miles de nosotros que creíamos firmemente que sería imposible.

28 Leer el mensaje de A.A.

Se dice que los seres humanos aprenden mejor las cosas viéndolas y tocándolas además de escucharlas; y la lectura refuerza aun más el aprendizaje.

Hay muchas buenas publicaciones acerca del alcoholismo y otras no tan buenas. Muchos de nosotros hemos sacado provecho de la lectura en otros campos. Pero A.A. no respalda ni se opone a las publicaciones de otras editoriales. Simplemente ofrecemos las nuestras.

Incluso los bebedores que no son muy dados a la lectura pasan horas leyendo ávidamente los materiales de A.A. Esta es indudablemente la mejor manera de formarnos una idea de primera mano de la sabiduría colectiva de A.A., en vez de contentarnos con rumores ocasionales.

Hay ocho libros de A.A y tres librillos en formato parecido al de éste.

Alcohólicos Anónimos

Este es el texto básico de la experiencia de A.A.

A.A., tal como lo conocemos ahora, tuvo sus orígenes en este libro que fue fruto de la experiencia de un centenar de alcohólicos que habían aprendido a mantenerse sobrios ayudándose unos a otros. Después de haber pasado unos cuantos años sobrios, documentaron lo que habían hecho para lograrlo y pusieron este título al texto. Nuestra Comunidad empezó entonces a ser conocida por el nombre de *Alcohólicos Anónimos*.

En este volumen, la experiencia original de A.A. está descrita detalladamente por quienes primero pasaron por la experiencia y luego la pusieron por escrito. Sirve como fuente primordial de las ideas básicas de A.A. para todos, ya sea que lo leamos y lo releamos muy a menudo o raramente. La mayoría de los miembros obtienen un ejemplar tan pronto como pueden, después de integrarse a A.A., para poder sacar las ideas fundamentales de A.A. directamente de la fuente, en vez de enterarse de ellas de segunda o tercera mano.

Los miembros de A.A. suelen dar al libro *Alcohólicos Anónimos* el nombre de "el Libro Grande", pero no para compararlo a ninguna escritura sagrada. La primera edición (en 1939) se imprimió en papel muy grueso, así que los libros salieron de la imprenta sorprendentemente gordos y por ello se le puso humorísticamente el apodo del "Libro Grande".

Los once primeros capítulos básicos fueron redactados por Bill W., cofundador de A.A. En el libro también aparecen muchas historias de miembros de A.A., escritas por ellos mismos, y varios apéndices de materiales diversos.

En los primeros días de A.A., cuando había muy pocos grupos de A.A. en el mundo, algunos bebedores lograron su sobriedad con sólo leer el libro. Tiene todavía el mismo efecto en algunos bebedores problema que viven aislados en partes remotas del mundo o en barcos que van surcando los mares.

Los lectores asiduos del libro dicen que, con repetidas lecturas del libro, se revelan nuevos significados profundos que se pueden escapar al leerlo apresuradamente por primera vez.

Doce Pasos y Doce Tradiciones

En este libro, también redactado por Bill W., al cual a veces se le da el apodo de "Doce y Doce", se habla más amplia y detenidamente acerca de las ideas básicas de A.A. Los miembros que desean estudiar seriamente el programa de recuperación de A.A. lo utilizan como texto, conjuntamente con el Libro Grande.

Escrito trece años después del libro *Alcohólicos Anónimos*, este volumen más pequeño expone los principios de la conducta de A.A., tanto del miembro individual como del grupo. Los Doce Pasos, que sirven de guía para el desarrollo individual, se habían tratado brevemente en el Libro Grande; los principios de los grupos, las Doce Tradiciones, habían llegado a cristalizarse por un proceso de pruebas y tanteos después de la publicación del primer libro. Estos principios que caracterizan el movimiento le dan una personalidad única y distintiva, poco parecida a la de otras sociedades.

Alcohólicos Anónimos llega a su mayoría de edad

En este breve libro de historia se cuentan los comienzos de A.A. y su desarrollo durante sus primeros veinte años de existencia. Es una narrativa de las labores de un pequeño grupo de valiosos y antes desahuciados borrachos quienes, a pesar de tenerlo todo en contra, acabaron estableciendo un movimiento de alcance mundial y reconocida eficacia.

Como lo ve Bill

Una selección de los párrafos más sucintamente expresivos de Bill W., sacados de su voluminosa correspondencia personal y otros escritos. El índice alfabetizado de temas de interés facilita la consulta para cualquier bebedor problema.

El Dr. Bob y los buenos veteranos

La biografía del cofundador de A.A. está entretejida con recuerdos de los primeros días de A.A. en la región medio oeste de los Estados Unidos, la mayor parte en palabras de los pioneros mismos.

Transmítelo...

Esta biografía del cofundador de A.A. lleva el subtítulo de "La historia de Bill Wilson y cómo el mensaje de A.A. llegó al mundo". Además detalla el desarrollo de la Comunidad; con treinta y nueve fotografías de interés histórico.

De las tinieblas hacia la luz

Traducciones de todas las historias personales publicadas en la cuarta edición del Libro Grande en inglés.

Reflexiones diarias: un libro de reflexiones escritas por lo miembros de A.A. para los miembros de A.A.

Los A.A. reflexionan sobre sus citas predilectas de la literatura de A.A. Una lectura para cada día del año.

Llegamos a creer...

Subtitulado "La aventura espiritual de A.A. según la han experimentado los miembros individuales de A.A.", este libro es una colección de las versiones personales de setenta y cinco miembros del "Poder superior a nosotros mismos". Van desde las interpretaciones religiosas ortodoxas hasta los puntos de vista humanistas y agnósticos.

A.A. en prisiones: de preso a preso

Una colección de veintiseis historias, algunas previamente publicadas en el A.A. Grapevine, que cuentan las experiencias de hombres y mujeres que encontraron a A.A. mientras estaban encarcelados.

Folletos

A.A. World Services Inc. también edita una gran variedad de folletos y volantes sobre diversos aspectos de A.A., algunos dirigidos a grupos de interés especial.

Todos han sido cuidadosamente elaborados bajo la supervisión de representantes de A.A. de todas partes de los Estados Unidos y Canadá, para así reflejar el más amplio consenso posible del pensamiento de A.A. Es imposible comprender el funcionamiento de A.A. en todo su detalle sin estar bien familiarizado con todas estas publicaciones (una lista completa aparece en la página 92).

Además, la Oficina de Servicios Generales de A.A. publica un boletín trimestral, *Box 4-5-9*, y otras publicaciones periódicas, así como el informe anual de la Conferencia de Servicios Generales de A.A.

Muchos miembros de A.A. empiezan y terminan el día con un momento de quietud en el que leen un pasaje de la literatura de A.A. Leer los libros y folletos representa para muchos miembros asistir a una reunión impresa, y la variedad de información e inspiración de A.A. que queda resumida en esta literatura no se encuentra en ningún otro lugar. Con cualquier lectura de A.A. te pones en un camino de ideas que va alejándote de un trago, y por ello muchos miembros siempre llevan consigo algún texto de la literatura de A.A., no solamente porque leerla les protege contra los pensamientos que pueden conducir a un trago, sino también porque les ofrece ocasiones de placer y diversión intelectual. Las publicaciones que no están disponibles en las reuniones de A.A. se pueden pedir dirigiéndose a: Box 459, Grand Central Station, New York, NY 10163. Pueden hacer su pedido por fax, (212) 870-3137, por teléfono, (212) 870-3400, o por e-mail: orders@aa.org.

A.A. Grapevine

Cada mes aparece en la revista impresa una nueva colección de ideas y humor de A.A. y semanalmente se añaden nuevas historias a aagrapevine.org. Casi todos los artículos, gráficos y dibujos son sometidos por miembros de A.A., y sus colaboraciones no son remuneradas.

Ya sea en forma impresa, en línea o en audio, el Grapevine publica inspiradoras historias de experiencia, fortaleza y esperanza, ilustraciones, noticias acerca de A.A. y cartas de miembros de A.A. de todas partes del mundo.

Las suscripciones individuales y en cantidad se pueden pedir haciendo clic en el botón *Subscribe* en aagrapevine.org o escribiendo directamente a Grapevine, PO Box 16867, No. Hollywood, CA 91615-6867.

La Viña es una revista bimensual publicada para los miembros de A.A. de habla hispana. Las suscripciones individuales y otros materiales de Grapevine se pueden pedir directamente escribiendo a La Viña, PO Box 15635, North Hollywood, CA 91615, o por medio del sitio web: www.aagrapevine.org. En las reuniones de A.A. suele haber disponibles ejemplares del número más reciente.

29 Asistir a las reuniones

Mucho tiempo antes de pensar en redactar este libro, centenares de miles de alcohólicos ya se habían familiarizado con todas y cada una de las ideas que se presentan aquí y muchas sugerencias para vivir sobrio, las cuales les habían resultado eficaces. Lo hacíamos no solamente leyendo libros sino hablando los unos con los otros. Al comienzo, pasamos la mayor parte del tiempo escuchando. Tú puedes hacer lo mismo, es gratis, y no tienes que "unirte" a nada.

Lo que hacíamos era asistir a las reuniones de Alcohólicos Anónimos. Se efectúan anualmente más de cinco millones en unos ciento ochenta países de todas partes del mundo. Y, como ya hemos dicho, no es necesario hacerte miembro para visitar algunas reuniones de A.A. Si simplemente deseas "probar" A.A., puedes sentirte libre de asistir a las reuniones como observador y sentarte y escuchar sin decir una palabra. No tienes que identificarte por tu nombre; puedes dar un nombre ficticio si así lo quieres. A.A. lo entiende. No apunta los nombres ni lleva ningún registro de los miembros o los visitantes que asisten a las reuniones. No tendrás que firmar nada, ni responder a ninguna pregunta.

No dudes en hacer algunas preguntas, si lo quieres. Pero mucha gente prefiere no hacer nada sino escuchar las primeras veces que asiste.

Al igual que casi toda persona que haya asistido a una reunión de A.A., es probable que la primera vez te sorprenda. Por lo general, la gente alrededor tuyo parece normal, sana y razonablemente feliz. Tiene poco parecido con las trilladas caricaturas de borrachos y vagabundos o de abstemios secos y fanáticos.

Además, solemos ser un grupo bastante amistoso, que pasamos mucho tiempo riéndonos — de nosotros mismos. Por eso si tienes resaca, una reunión de A.A. te ofrece un ambiente alegre y una ocasión para superarla y empezar a sentirte mucho mejor.

Puedes contar con que todos los miembros de A.A. reunidos en esa sala tengan una profunda comprensión de cómo te sientes exactamente, porque tenemos vívidos recuerdos de lo que sufríamos con nuestras resacas, y de cómo nos sentíamos al asistir por primera vez a una reunión de A.A.

Si eres un individuo tímido, o una persona solitaria —como lo somos muchos de nosotros— vas a encontrar a muchos miembros de A.A. bien dispuestos a dejarte en paz, si así te sientes más cómodo, y así lo quieres sinceramente.

No obstante, a muchos de nosotros nos resultaba útil y placentero quedarnos un rato después de la reunión para tomar café y charlar. No vaciles en participar en el intercambio social o el "compartimiento cara-a-cara", tanto o tan poco como desees.

Los diferentes tipos de reunión de A.A.

Se pidió a muchos miembros de A.A. de todas partes de los Estados Unidos y Canadá que contribuyeran con ideas para este libro. Una sugerencia que todos consideran de primordial importancia para evitar beber es la de asistir a varios tipos de reuniones de A.A.. "Allí nos familiarizamos con todos estos conceptos y principios, por un vivo intercambio de ideas", escribió un miembro.

Si quieres mantenerte sobrio, asistir a cualquier reunión de A.A. es claramente una táctica más segura que la de ir a un bar o una fiesta o quedarte en casa con una botella.

Hay mayor probabilidad de prevenir la malaria si te mantienes alejado de las ciénagas infestadas de mosquitos. De la misma forma, la probabilidad de no tomarte un trago es mayor en una reunión de A.A. que en una taberna o ambiente similar.

Además, en las reuniones de A.A. hay una especie de impulso hacia la recuperación. Mientras el objetivo de una fiesta es beber, el propósito de una reunión de A.A. es mantener la sobriedad. Tal vez más que en cualquier otro lugar, te encuentras rodeado de gente que entiende lo que es beber, que reconocen la importancia de tu sobriedad y que pueden enseñarte muchas maneras de fortalecerla y favorecerla. Además, allí ves muchos ejemplos de alcohólicos recuperados y felices que se las están arreglando para no beber. Esto no es lo que ves en los bares.

A continuación aparecen descripciones de las reuniones más populares de los grupos de A.A. y de las ventajas de asistir a ellas.

Reuniones de principiantes (o recién llegados)

Éstas suelen ser más pequeñas que las demás reuniones y frecuentemente preceden a las reuniones más grandes. Están abiertas a todos los que creen tener un posible problema con la bebida. En algunos lugares, se celebran en forma de una serie de discusiones o charlas acerca del alcoholismo, de la recuperación y de la Comunidad de A.A. En otros lugares, las reuniones de principiantes son simplemente sesiones de preguntas y respuestas.

Los A.A. que han asistido muy frecuentemente a estas reuniones dicen que ofrecen excelentes oportunidades para hacer preguntas, trabar nuevas amistades y empezar a sentirse cómodo en compañía de alcohólicos que no beben.

Reuniones abiertas (todos son bienvenidos ya sean alcohólicos o no).

Éstas suelen estar un poco más organizadas y ser un poco más formales. Normalmente, dos o tres miembros (que se han ofrecido voluntariamente para hacerlo) cuentan al grupo cómo era su alcoholismo, lo que les sucedió y cómo es su recuperación ahora.

Una charla de A.A. de esta índole no tiene que seguir ninguna pauta fija. Son muy contados los miembros de A.A. que son oradores experimentados; de hecho, incluso los miembros de A.A. que por su trabajo tienen que dar discursos ante el público evitan cuidadosamente hacerlo en las reuniones de A.A. Intentan contar sus historias de la manera más sencilla y directa posible.

Lo inconfundible de estas charlas es su casi asombrosa sinceridad y franqueza. Probablemente te encontrarás riendo mucho y diciéndote a ti mismo, "¡Sí, así es!"

Una de las grandes ventajas de asistir a estas reuniones abiertas es la oportunidad que te ofrecen de escuchar una amplia variedad de historiales reales de alcoholismo. Oyes a la gente describir los síntomas de la enfermedad en muchas formas diferentes, y esto te ayuda a decidir si la tienes.

Naturalmente, cada miembro de A.A. tiene experiencias distintas a las de sus compañeros. Es posible que algún día oigas a alguien describir bebidas favoritas, costumbres de beber, problemas con la bebida (o diversiones con la bebida) que son muy parecidas a las tuyas. O, por el contrario, los incidentes en las historias de bebedores que oyes relatar a los miembros puede que sean muy distintos a los tuyos. Oirás hablar a muchas personas de diferentes procedencias, creencias y profesiones. Cada miembro *sólo* habla por sí mismo (o sí misma), y solo expresa sus propias opiniones. Nadie puede hablar por la totalidad de A.A. y nadie está obligado a estar de acuerdo con ninguno de los sentimientos o ideas expresadas por otros miembros de A.A. En A.A. se valora y se acoge de buen grado la diversidad de opiniones.

No obstante, si escuchas atentamente, probablemente vas a reconocer sentimientos, si no acontecimientos, que te sean familiares. Vas a reconocer que las emociones del orador son muy parecidas a las tuyas, incluso si su vida ha sido radicalmente distinta a la tuya.

En A.A., esto se conoce como "identificarse con el orador". No quiere decir que la edad, el sexo, el estilo de vida, el comportamiento, los placeres o los problemas del orador sean idénticos a los tuyos. Quiere decir que oyes hablar de temores, emociones, inquietudes y alegrías con los que puedes compenetrarte, que recuerdas haber sentido algunas veces.

Tal vez te sorprenda el hecho de que casi nunca se oye a ningún orador de A.A. lamentarse de verse privado del alcohol.

Identificarse con la vida pasada del orador puede que no sea tan importante como formarse una idea de su vida actual. Por lo general, el orador ha encontrado o está intentando encontrar algún grado de satisfacción, tranquilidad de espíritu, soluciones a problemas, entusiasmo por la vida, y una especie de salud espiritual que tú también deseas. Si es así, quédate un rato. Estas cualidades son contagiosas en A.A.

Además, por hacerte recordar los sufrimientos del alcoholismo activo, te ayuda a extinguir cualquier deseo latente que tengas de tomarte un trago.

En estas reuniones, muchos miembros de A.A. han encontrado las sugerencias que estaban buscando para ayudarles a lograr su recuperación. Y después de asistir a una reunión tan renovadora y alentadora para su recuperación, lo último que desean hacer la mayoría de los miembros es tomarse un trago.

Reuniones de discusión cerradas (sólo para los alcohólicos, o para los que están investigando la posibilidad de ser alcohólicos).

Algunos grupos de A.A. efectúan reuniones de discusión que se llaman "abiertas", para indicar que cualquier interesado puede asistir. Más a menudo tales reuniones se califican de "cerradas", o sea, sólo para miembros y posibles miembros, a fin de que los participantes se sientan libres para hablar de cual-

quier tema que pueda interesar o inquietar a cualquier bebedor problema. Estas
son discusiones confidenciales.

A veces, un miembro que se ha ofrecido para hacerlo, da comienzo a
la reunión relatando brevemente su propia historia de alcoholismo y recuperación. Luego se abre la sesión para discusión general.

Cualquiera que se sienta preocupado por cualquier problema, por muy
penoso o vergonzoso que sea, puede manifestarlo francamente en una reunión
de discusión y escuchar lo que los demás asistentes tienen que decir referente
a sus propias experiencias con el mismo problema o un problema parecido. Y
sí, también se comparten experiencias de felicidad y de alegría. Al participar en
estas discusiones, llegamos a darnos clara cuenta de que ningún alcohólico es
único y ningún alcohólico está solo.

Se ha dicho que estas reuniones son los talleres en que los alcohólicos
aprenden a mantenerse sobrios. Sin duda se puede oír una amplia variedad de
sugerencias para mantener una feliz sobriedad.

Reuniones de Pasos

Muchos grupos de A.A. celebran reuniones semanales en las que sucesivamente se van escogiendo los Doce Pasos del programa de A.A. para servir como
base de la discusión. Otros grupos, con el mismo fin, hacen uso de las Doce
Tradiciones de A.A., los Tres Legados de A.A., los lemas de A.A. y temas de
discusión sugeridos en la revista mensual de A.A., el Grapevine. Pero casi nunca
se descarta ningún tema de antemano, especialmente si alguien tiene una necesidad intensa y apremiante de ayuda inmediata con algún problema personal.

Conjuntamente con los libros *Alcohólicos Anónimos* y *Doce Pasos y Doce Tradiciones*, las reuniones de Pasos nos ofrecen las percepciones y comprensión más
fáciles de lograr de los principios fundamentales de recuperación en A.A. Estas
sesiones también ofrecen una abundancia de interpretaciones y aplicaciones
originales del programa básico de A.A., que nos demuestran cómo utilizarlo no
solamente para mantenernos sobrios sino también para enriquecer nuestras vidas.

Conferencias y convenciones estatales, regionales e internacionales de A.A.

Estas reuniones grandes que cuentan con una asistencia que va desde centenares hasta más de cincuenta mil miembros, a menudo acompañados de sus
familias, suelen ser eventos de fin de semana en los que se efectúan diversos
tipos de sesiones. Entre las sesiones programadas se incluyen mesas de trabajo
enfocadas en varios temas, charlas por expertos en el campo del alcoholismo
y, normalmente, un banquete, un baile, diversiones y tiempo reservado para
otras actividades sociales o de recreo, que se disfrutan aún más porque no hay
alcohol. Nos enseñan cuánto nos podemos divertir sobrios.

También nos dan la oportunidad de conocer a miembros de A.A. que viven
en otras áreas y aprender de sus experiencias. Para muchos miembros, estos
acontecimientos acaban convirtiéndose en sus vacaciones favoritas de fin de
semana, además de ser extraordinarias y muy preciadas experiencias de recu-

peración. A menudo marcan el comienzo de íntimas amistades que duran toda la vida y los recuerdos inspiradores que traemos de estos eventos sirven para alegrarnos en nuestra vida cotidiana.

¿Tenemos que asistir a estas reuniones el resto de nuestras vidas?
No, a no ser que queramos hacerlo.

Parece que miles de nosotros disfrutamos de estas reuniones cada vez más según van pasando los años sobrios. Es un placer, no una obligación.

Todos tenemos que respirar, comer, bañarnos, cepillarnos los dientes, etc. Y millones de gente, año tras año, siguen trabajando, leyendo, haciendo deporte u otros juegos recreativos, participando en clubs y asistiendo a servicios religiosos. Así que nuestra asidua asistencia a las reuniones de A.A. no es nada peculiar, siempre que las disfrutemos, saquemos provecho de ellas y mantengamos equilibrada nuestra vida.

La mayoría de nosotros asiste a las reuniones con más frecuencia en los primeros años de nuestra recuperación. Nos ayuda a establecer una base sólida para una recuperación duradera.

La mayoría de los grupos de A.A. efectúan una o dos reuniones a la semana (que duran una hora o una hora y media). Y es la creencia general en A.A. que a un nuevo miembro le va mejor si se acostumbra a asistir regularmente a las reuniones de un grupo, por lo menos, y a visitar, de cuando en cuando, a otros grupos. Además de ofrecer al bebedor problema una amplia variedad de opiniones diferentes, esta costumbre contribuye a establecer cierta disciplina en su vida que le ayuda a combatir el alcoholismo.

Nos hemos dado cuenta de lo importante que es, especialmente en los comienzos, asistir fielmente a las reuniones, sean cuales sean las excusas que se nos presenten para no asistir.

Tenemos que ser tan diligentes en asistir a las reuniones de A.A. como éramos en beber. ¿Ha habido algún bebedor serio que haya dejado que la distancia, el mal tiempo, la enfermedad, los invitados, los negocios, la falta de dinero, la hora o cualquier otra cosa le impida tomarse el trago deseado? Nosotros tampoco podemos permitir que nada nos impida asistir a las reuniones de A.A., si sinceramente deseamos recuperarnos.

Además nos hemos dado cuenta de que no debemos asistir a las reuniones únicamente al sentirnos tentados a beber. Solemos sacar mayor provecho de las reuniones a las que asistimos cuando nos sentimos bien y no tenemos la más mínima intención de tomarnos un trago. E incluso una reunión que no nos resulta total o inmediatamente satisfactoria es preferible a ninguna.

Dada la importancia de las reuniones, muchos de nosotros siempre llevamos una lista y un horario de reuniones locales y no viajamos muy lejos de casa sin disponer de uno de los directorios de A.A., que nos facilita encontrar reuniones y compañeros en casi todas partes del mundo.

Cuando, debido a una grave enfermedad o catástrofe natural, nos vemos absolutamente imposibilitados de asistir a una reunión, hemos aprendido a inventar sustitutos. (No obstante, es asombrosa la frecuencia con que oímos contar historias de tormentas en zonas subárticas, huracanes e incluso terremotos que *no* han impedido a compañeros de A.A. viajar centenares de millas para asistir a reuniones. Si hay una reunión a la que deseen asistir, a algunos A.A. les es tan natural llegar allí en canoa, camello, helicóptero, camioneta, bicicleta o trineo como nos es al resto de nosotros viajar en auto, autobús o subterráneo.)

Como substituto de una reunión, cuando nos es imposible asistir, podemos comunicarnos con nuestros amigos de A.A. por teléfono, o electrónicamente; o podemos participar en una de las muchas reuniones en línea disponibles en el Internet. Si no está disponible ninguno de estos métodos podemos celebrar una reunión imaginaria al leer algunos materiales de A.A.

A varios centenares de "Solitarios" de A.A. aislados (como por ejemplo, soldados estacionados muy lejos de sus hogares) y para los miembros de A.A. marineros, los "Internacionalistas" y los "Hogareños", la Oficina de Servicios Generales les facilita servicios especiales gratis para ayudarles a mantenerse en estrecho contacto con A.A. Estos miembros reciben el boletín *Loners-Internationalists Meeting* y listas que les hacen posible comunicarse con otros miembros (por correo postal o electrónico) cuando no tienen oportunidad de asistir a reuniones.

Y otros más que se encuentran en zonas donde no hay grupos cercanos a los que puedan asistir, hacen algo aun mejor. Forman un nuevo grupo.

La cuestión del dinero

El alcoholismo es caro. Aunque en A.A. no hay honorarios ni cuotas, ya hemos pagado bastante dinero a las tiendas de licores y bares antes de integrarnos en la Comunidad. Por lo tanto, la mayoría de nosotros llegamos casi en bancarrota y a menudo muy endeudados.

Cuanto antes lleguemos a ser automantenidos, mejor. Los acreedores casi siempre están bien dispuestos a darnos alguna flexibilidad, con tal de que vean que estamos haciendo un esfuerzo asiduo y sincero para saldar las cuentas, aunque sea a pequeños plazos.

Además, la experiencia demuestra claramente que hay cierto tipo de gastos —aparte de los gastos para la comida, la ropa, el alojamiento, por supuesto— que son de muy alto valor durante nuestros primeros días sobrios. Un compañero nos ha dado permiso para citar aquí su

Asesoramiento de inversiones
En los primeros días de abstinencia,
Sin trago, con las hambres atrasadas,
Cuando apremian las deudas con urgencia
Y tenemos el suelo por almohada;
Cuando no hay soluciones decorosas
Para la bancarrota monetaria

Y no vemos por dónde van las cosas
En nuestra situación deficitaria…
Es la ocasión de hacer las inversiones
Que habrán de convenirnos algún día:
La moneda que paga la llamada
Necesaria al padrino que nos guía,
El billete que echamos al sombrero,
El tiquete del bus o del tranvía
Que nos lleva al lugar de reuniones;
El café que tomamos con amigos
Que nos brindan amable compañía…
Todas ellas son sabias inversiones
Que darán rendimientos positivos
De sobriedad, cariños, ilusiones,
Felicidad, trabajo y alegría.

30 Probar los Doce Pasos

Como dijo el viejo médico de cabecera, "cuando todo lo demás te falla, sigue mis consejos".

No hemos hablado en este libro acerca de los Doce Pasos sugeridos por A.A. como programa de recuperación del alcoholismo, y no vamos a enumerarlos ni explicarlos aquí, ya que esta información es fácil de encontrar en otros materiales, para todo aquel que sienta curiosidad por saber más del asunto. Pero vale la pena contar la asombrosa historia de su origen.

En 1935, dos hombres se encontraron en Akron, Ohio. Ambos, en ese entonces, estaban considerados borrachos desahuciados, lo cual les parecía vergonzoso a quienes los conocían. Uno había sido un venturoso agente de Bolsa; el otro, un renombrado cirujano; pero ambos habían bebido casi hasta morir. Ambos habían probado muchas "curaciones" y habían sido hospitalizados repetidas veces. Parecía bastante seguro, incluso a ellos mismos, que ya no tenían remedio.

Casi por casualidad, al ir conociéndose, descubrieron un hecho asombroso: El resultado de intentar ayudarse, el uno al otro, era la sobriedad. Armados con esta idea, fueron a ver a un abogado alcohólico confinado en un hospital, y él también decidió probarla.

Los tres hombres, cada uno en su vida personal, siguieron esforzándose por ayudar a otros alcohólicos. De vez en cuando las personas a quienes ellos se ofrecían a ayudar, no deseaban su ayuda; no obstante, los tres sabían que valía la pena hacer el esfuerzo, porque en cada caso, aun cuando el "paciente" no dejara de beber, los que se habían empeñado por ayudarlo, lograban mantenerse sobrios.

Este pequeño grupo anónimo de ex borrachos seguía perseverando en sus intentos para conseguir su propio beneficio y, en 1937, se asombraron al darse cuenta de que ya eran veinte los que habían logrado la sobriedad. No es de extrañar que creyeran que estaban ocurriendo milagros.

Convinieron en poner por escrito la historia de lo que había acontecido, para así compartir su experiencia más ampliamente. Pero, como te puedes imaginar, les resultó muy difícil llegar a un consenso respecto a lo que había acontecido en realidad. No lograron publicar un relato de los eventos con el que todos estuvieran de acuerdo hasta 1939, fecha en que ya había unos cien miembros.

Según su narración, el camino hacia la recuperación que hasta esas fechas ellos habían seguido consistía en doce pasos, y creían que cualquiera que siguiera ese camino llegaría al mismo destino.

Hoy día hay más de dos millones de miembros. Y comparten casi unánimemente la convicción de que "la experiencia práctica demuestra que no hay nada que asegure tanto la inmunidad a la bebida como el trabajo intensivo con otros alcohólicos. Funciona cuando fallan otras actividades".

Muchos de nosotros estábamos luchando con la bebida desde hacía mucho tiempo. Una y otra vez, lográbamos dejar de beber y nos esforzábamos por seguir sin beber, sólo para acabar volviendo a beber tarde o temprano y vernos metidos en problemas cada vez más graves. Pero los Doce Pasos de A.A. sirven para marcar nuestro camino hacia la recuperación. Ya no tenemos que luchar más. Y nuestro camino está abierto para todo aquel que quiera embarcarse en el viaje.

Centenares de nosotros, antes de llegar a la Comunidad, sólo teníamos una muy vaga idea de lo que era A.A. Y ahora, a veces nos parece que hay flotando alrededor nuestro más información errónea que verídica acerca de A.A. Por lo tanto, si no has tratado de informarte acerca de A.A. por ti mismo, nos podemos imaginar algunas de las impresiones falsas y tergiversadas que has acumulado, por haberlas tenido nosotros también.

Afortunadamente, no tienes que dejarte engañar por tales tergiversaciones y rumores, porque es muy fácil ver y escuchar lo que es el verdadero A.A. Las publicaciones de A.A. (ver página 73) y cualquier oficina cercana o reunión local de A.A. (ver la guía de teléfonos) te servirán como fuente original de datos y hechos que anteriormente nos sorprendían a muchos de nosotros. No tienes que contentarte con opiniones de segunda mano, porque tienes la pura verdad a tu libre y fácil disposición y puedes llegar a tus propias conclusiones.

Puedes hacer buen uso de la fuerza de voluntad para formarte una imagen justa y precisa de A.A. Ya sabemos bien que los alcohólicos tienen una inmensa fuerza de voluntad. Consideremos las múltiples maneras en que podíamos arreglárnoslas para conseguir un trago a pesar de tener todas las circunstancias imaginables en contra nuestra. Algunos días, con nuestro estómago de hierro ya bien oxidado, con la boca pastosa, con el pelo electrificado, el mero hecho de levantarnos por la mañana exige una fuerza de voluntad que la gente no bebedora raramente podría imaginar. Y una vez que logras levantar la cabeza, la capacidad para seguir el resto del día aguantándola en su sitio es prueba patente de una tremenda fuerza de voluntad. Es cierto, los *verdaderos* bebedores tienen una *verdadera* fuerza de voluntad.

Aprendimos a aprovechar esta fuerza de voluntad en bien de nuestra salud, para *imponernos la disciplina* de explorar detalladamente y a fondo ideas referentes a la recuperación aun cuando nos parecía aburrido e ingrato hacerlo.

Puede que te sirva de ayuda recordar que los miembros de A.A. no están muriéndose por hacerte preguntas. A lo mejor ni siquiera te estamos escuchando muy atentamente, estamos dedicando más tiempo a contarte la escueta verdad de nuestra propia enfermedad. Estamos a la búsqueda de la recuperación, y por ello hablamos contigo para nuestro propio beneficio. Queremos ayudarte, sin duda, pero sólo si quieres que te ayudemos.

Según algunos peritos en sicología, el abuso del alcohol es una afección que se caracteriza especialmente por el egocentrismo. No todos los alcohólicos son egoístas, pero muchos hemos llegado a reconocer en nosotros esta tendencia. Otros teníamos sentimientos de inferioridad la mayor parte del tiempo; nos sentíamos a la altura de otra gente o superiores a ellos solamente cuando estábamos bebiendo.

Sea cual sea nuestra personalidad, ahora nos damos cuenta de que éramos excesivamente egocéntricos, que nos preocupábamos principalmente por *nuestros* sentimientos, *nuestros* problemas, la reacción que otras personas tenían *respecto a nosotros*, y *nuestro* pasado y futuro. Por lo tanto, el intentar ponernos en comunicación con otras personas y ayudarlas es una medida de recuperación para nosotros, porque nos ayuda a salir de nosotros mismos. Intentar sanarnos a nosotros mismos ayudando a otros da resultados, incluso cuando es un gesto insincero. Pruébalo.

Si escuchas atentamente lo que se está diciendo (en lugar de meramente oírlo), puede que te des cuenta de que el que habla se ha deslizado quietamente al interior de tu cabeza y parece estar describiendo el paisaje allí, las formas cambiantes de los temores innombrados, el color y la frialdad del desastre inminente, y tal vez los mismos eventos y palabras que tienes almacenados en el cerebro.

Ya sea que esto te suceda o no, es casi seguro que vas a reírte y divertirte en compañía de los A.A., y es probable que salgas con un par de buenas ideas respecto a vivir sobrio. A ti te corresponde decidir si quieres aprovecharlas.

Y sea cual sea tu decisión, ten presente que el poner estas ideas a disposición tuya es para nosotros uno de los pasos hacia la recuperación.

31 Encontrar tu propia senda

Esperamos que hayamos dejado bien claro en este libro que no consideramos la bebida un tema frívolo. El alcoholismo merece nuestra dedicada atención y se la prestamos. No le vemos la gracia a los chistes que se cuentan a expensas de bebedores enfermos, excepto los que contamos acerca de nuestra propia experiencia y desde la perspectiva de la sobriedad. No nos parece gracioso que alguien, en broma, amenace con emborracharse. Esto se parece a jugar en broma a la ruleta rusa.

Aunque tenemos una actitud muy seria referente al alcoholismo, podemos hablar de nuestro pasado y de nuestra recuperación con humor y objetividad. Creemos que esto es un enfoque bastante sano. No quita ninguna fuerza a nuestra determinación de lograr y mantener nuestra sobriedad.

La mayoría de nosotros hemos visto la muerte muy de cerca. Hemos conocido el sufrimiento que desgarra los huesos. Pero hemos conocido también la esperanza que hace cantar al corazón. Esperamos que en este libro te hayamos comunicado más aliento que dolor. Si eres un bebedor problema, ya conoces bastante bien el dolor y la soledad. Queremos que llegues a conocer algo de la paz y alegría que hemos encontrado al enfrentarnos con los altibajos de la vida con mente clara y corazón sereno.

No hemos dado sino un mero comienzo en el asunto de vivir sobrio. Una y otra vez, encontramos nuevas ideas que nos sirven de ayuda.

A medida que te mantienes sobrio, se te van ocurriendo ideas que no aparecen aquí. Así lo esperamos. También esperamos que cuando se te ocurran nuevas ideas sobre este tema, las transmitas a otros. Te rogamos que las compartas. (Recordarás que el compartir puede por sí mismo ser de gran utilidad para ti.) Cuanta más experiencia podamos acumular colectivamente, tantos más bebedores problema pueden encontrar ayuda.

Algunos de nosotros tenemos una o dos recaídas antes de lograr una sobriedad segura. Si a ti te pasa esto, no te desesperes. Muchos de nosotros, después de pasar por estas experiencias, hemos llegado finalmente a disfrutar de una sobriedad sólida y serena. Ten presente que el alcoholismo es una afección humana sumamente grave, y que como en cualquier otra enfermedad, puede haber recaídas. La recuperación no deja de ser posible.

Aun después de ciertos contratiempos, si sigues queriendo recuperarte y estás dispuesto a probar nuevas estrategias, nuestra experiencia nos ha convencido de que estás encaminado, junto con centenares de miles de compañeros, en un viaje hacia un destino sano y feliz. Esperamos verte entre nosotros en persona.

Sea cual sea la senda que sigas, junto con nosotros o a solas, vas acompañado de nuestros mejores y más sinceros deseos.

LOS DOCE PASOS DE
ALCOHÓLICOS ANÓNIMOS

1. Admitimos que éramos impotentes ante el alcohol, que nuestras vidas se habían vuelto ingobernables.

2. Llegamos a creer que un Poder superior a nosotros mismos podría devolvernos el sano juicio.

3. Decidimos poner nuestras voluntades y nuestras vidas al cuidado de Dios, *como nosotros Lo concebimos*.

4. Sin temor, hicimos un minucioso inventario moral de nosotros mismos.

5. Admitimos ante Dios, ante nosotros mismos, y ante otro ser humano, la naturaleza exacta de nuestros defectos.

6. Estuvimos enteramente dispuestos a dejar que Dios nos liberase de todos estos defectos de carácter.

7. Humildemente le pedimos que nos liberase de nuestros defectos.

8. Hicimos una lista de todas aquellas personas a quienes habíamos ofendido y estuvimos dispuestos a reparar el daño que les causamos.

9. Reparamos directamente a cuantos nos fue posible el daño causado, excepto cuando el hacerlo implicaba perjuicio para ellos o para otros.

10. Continuamos haciendo nuestro inventario personal y cuando nos equivocábamos lo admitíamos inmediatamente.

11. Buscamos a través de la oración y la meditación mejorar nuestro contacto consciente con Dios, *como nosotros Lo concebimos*, pidiéndole solamente que nos dejase conocer su voluntad para con nosotros y nos diese la fortaleza para cumplirla.

12. Habiendo obtenido un despertar espiritual como resultado de estos Pasos, tratamos de llevar este mensaje a otros alcohólicos y de practicar estos principios en todos nuestros asuntos.

Apéndice*

Informe presentado por un grupo de médicos miembros de A.A.

Debido a que este asunto tiene que ver con decisiones médicas importantes, se pidió a un grupo de médicos miembros de A.A. y a dos médicos amigos de A.A. que revisaran este folleto.

Algunos miembros de A.A. tienen que usar medicamentos recetados para tratar ciertos problemas médicos graves. No obstante, es generalmente aceptado que el abuso de los medicamentos recetados y otras drogas puede poner en peligro el logro y el mantenimiento de la sobriedad. Es posible minimizar el riesgo de recaer si se siguen las siguientes sugerencias

• Ningún miembro de A.A. debe "hacer el papel de médico". Todos los consejos y tratamientos médicos deben venir de un médico cualificado.

• La participación activa en el programa de recuperación de A.A. es la mejor protección contra una recaída alcohólica.

• Sea completamente sincero con su médico y con usted mismo en cuanto a la forma en que se toma sus medicamentos. Informe a su médico de si deja de tomar o se toma más de las dosis recetadas.

• Explique a su médico que ha dejado de beber alcohol y está tratando de llevar una nueva forma de vida en recuperación.

• Informe inmediatamente a su médico si tiene deseo de tomar más cantidad de la recetada o si sufre efectos secundarios que le hacen sentirse peor.

• Sea consciente de los posibles cambios en su comportamiento al empezar a tomar un nuevo medicamento o cuando se cambie la dosis.

• Si le parece que su médico no entiende sus problemas, considere la posibilidad de hacer una cita con un médico que tiene experiencia en el tratamiento del alcoholismo.

• Déle a su médico ejemplares de este folleto.

---

* Del folleto aprobado por la Conferencia "El miembro de A.A. — los medicamentos y otras drogas".

Desde los primeros días de Alcohólicos Anónimos, se ha puesto bien en claro el hecho de que muchos alcohólicos son propensos a volverse dependientes de otras drogas además del alcohol. Ha habido casos trágicos de personas que, habiendo luchado por alcanzar la sobriedad, acabaron por tener problemas graves con otras drogas. Repetidas veces, los miembros de A.A. han relatado episodios espantosos que pusieron en peligro su sobriedad que podrían estar relacionados con el abuso de medicamentos y otras drogas.

La experiencia indica que algunos medicamentos recetados, aunque no sean peligrosos para la mayoría de la gente no alcohólica cuando se usan según las indicaciones del médico, es posible que puedan afectar al alcohólico de diferente manera. Suele ocurrir que estas sustancias crean una dependencia tan devastadora como la dependencia del alcohol. Es bien sabido que muchos sedantes tienen un efecto en el cuerpo similar al del alcohol. Cuando se usan estas drogas sin supervisión médica, se puede crear fácilmente una dependencia de las mismas.

Muchos de los A.A. que han usado medicamentos que se venden sin receta han descubierto la tendencia del alcohólico al abuso. Aquellos A.A. que han usado las drogas que se venden en la calle, desde la marihuana hasta la heroína, han descubierto la tendencia del alcohólico a tener dependencia de otras drogas. La lista se alarga, y seguirá alargándose según se elaboren nuevas drogas.

Consulte siempre con su médico si cree que usted necesita o le serviría de ayuda algún medicamento.

Nota a los profesionales de la medicina

La cooperación con la comunidad profesional ha sido un objetivo de Alcohólicos Anónimos desde sus comienzos. Los profesionales que por su trabajo están en contacto con los alcohólicos comparten un objetivo común con Alcohólicos Anónimos: ayudar al alcohólico a dejar de beber y llevar una vida sana y productiva.

Como se indica en la introducción, algunos miembros de A.A. deben tomar medicamentos recetados. No obstante, nuestra experiencia indica que el abuso de los medicamentos recetados puede poner en peligro el logro y el mantenimiento de la sobriedad. Las sugerencias expuestas en nuestra introducción se ofrecen para ayudar a los miembros de A.A. a encontrar el equilibrio y minimizar el riesgo de recaer.

FOLLETOS DE A.A.

PREGUNTAS FRECUENTES ACERCA DE A.A.

LA TRADICIÓN DE A.A. — CÓMO SE DESARROLLÓ

LOS MIEMBROS DEL CLERO PREGUNTAN ACERCA DE A.A.

A.A. COMO RECURSO PARA LOS PROFESIONALES DE LA SALUD

A.A. EN SU COMUNIDAD

¿ES A.A. PARA USTED?

¿ES A.A. PARA MÍ?

ESTO ES A.A.

¿HAY UN BEBEDOR PROBLEMA EN EL LUGAR DE TRABAJO?

¿SE CREE USTED DIFERENTE?

PREGUNTAS Y RESPUESTAS ACERCA DEL APADRINAMIENTO

MUCHAS SENDAS HACIA LA ESPIRITUALIDAD

ACCESIBILIDAD PARA TODOS LOS ALCOHÓLICOS

A.A. PARA LA MUJER

A.A. PARA EL ALCOHÓLICO DE EDAD AVANZADA — NUNCA ES DEMASIADO TARDE

ALCOHÓLICOS ANÓNIMOS POR JACK ALEXANDER

LOS JÓVENES Y A.A.

EL MIEMBRO DE A.A. — LOS MEDICAMENTOS Y OTRAS DROGAS

¿HAY UN ALCOHÓLICO EN SU VIDA?

DENTRO DE A.A.

EL GRUPO DE A.A.

R.S.G.

CARTA A UN PRESO QUE PUEDE SER UN ALCOHÓLICO

LOS DOCE CONCEPTOS ILUSTRADOS

LAS DOCE TRADICIONES ILUSTRADAS

SEAMOS AMISTOSOS CON NUESTROS AMIGOS

CÓMO COOPERAN LOS MIEMBROS DE A.A....

A.A. EN LAS INSTITUCIONES CORRECCIONALES

A.A. EN LOS ENTORNOS DE TRATAMIENTO

UNIENDO LAS ORILLAS

EL PUNTO DE VISTA DE UN MIEMBRO DE A.A.

PROBLEMAS DIFERENTES DEL ALCOHOL

COMPRENDIENDO EL ANONIMATO

HABLANDO EN REUNIONES NO A.A.

UNA BREVE GUÍA A ALCOHÓLICOS ANÓNIMOS

UN PRINCIPIANTE PREGUNTA

LO QUE LE SUCEDIÓ A JOSÉ
(Historieta a todo color)

LE SUCEDIÓ A ALICIA
(Historieta a todo color)

¿DEMASIADO JOVEN?
(Folleto en formato de historieta para los adolescentes)

ES MEJOR QUE ESTAR SENTADO EN UNA CELDA
(Folleto ilustrado para los presos)

LOS DOCE PASOS ILUSTRADOS

Se pueden obtener formularios de pedidos completos en la Oficina de Servicios Generales de A.A.
Box 459, Grand Central Station, New York, NY 10163
www.aa.org